和田秀樹

JN275770

バカとは何か

GS
幻冬舎新書
017

序　私の原動力はバカ恐怖

はじめに断っておくと、本書はバカをバカにするために書かれた本でなく、バカは治るという立場から、バカとは何かをともに考え、それに当てはまっている場合、それに気づくことで、少しでもバカ状態を脱却していこうという趣旨で書かれた本である。

というのは、私自身がそういう本を必要としていたし、今でも必要としているからだ。

私が子供の頃から勉強をし、今でも勉強を続ける理由は何かと言えば、人からバカと思われたくない、自分から見てバカになりたくないということが最大の理由である。

子供の頃であれば、勉強ができさえすれば、バカと言われることはまずないし、言われたとしても、どうせ負け惜しみと思えたから話は簡単なのだが、大人になるとそうはいかなくなる。

「あいつは勉強はできるけど本当にバカで使えない奴だ」とか、いわゆる東大バカと呼ばれるような学歴だけ高くて、社会でうまくいかない人間というのがたくさん生まれてくる。

要するにそういう人間になりたくなかったのである。

逆に言うと世間様から見て、高い学歴を得られたから、学歴とかお勉強以外の点で、どういう人間がバカと思われ、バカと見なされるかを考えるようになったと言っていいかもしれない。

その上、職業柄、精神医学や心理学、とくに認知心理学など知能にまつわる心理学を学ぶことによって、どういう人間がうまくいき、どういう人間が勉強ができても適応できないのかを学ぶ機会も多かった。

そういうわけで、自分なりのバカ像が徐々に明確になってきた。

ここで、バカについての私的な見解をまとめておく。

1　バカとは多面的なものであり、多くの意味をもつ。いわゆる知能の心理学から見たバカや精神医学、心理学、ＥＱ理論から見たバカだけでなく、一般用語として使われる学者バカなどさまざまなバカが存在する。

2　そのため、よほどのことがない限り、誰もが一つや二つバカに当てはまる。

3　その際、バカは原則的に今の世の中で不適応なものであるので、それに自ら気づき、克服していくに越したことはない。

4 バカは差別語、侮蔑語でなく、むしろ叱責語、激励語と考えるべきである。だから、バカと言われた際に、それは治らないものと考えるべきではなく、治るものとして受け止め、欠点を改善すべきである。

5 それでも言われると腹が立つのが「バカ」ということばである。しかし、そこで怒ったり相手を恨んだりするより、自分のバカを治すほうが、「リコウ」の対応である。

以上のことを私は主張したいのだが、バカというのが日常語で、しかも非常に頻繁に使われることばであるゆえ、個人の体験や主観、家族の文化などによって大きく意味が違ってくるのも事実である。私の定義が一方的に正しいと思い上がるようなバカではないこともお伝えしておく。

しかしながら、私自身は本書に当てはまるようなバカが増えているように思えてならない。学力低下やテレビマスコミを通じた短絡思考がそれだけ蔓延しているのだ。学力低下もさることながら、複眼的にものを見ることができないことで、一歩間違うとリコウな人もバカの典型に陥りやすいものである。

成果主義、知識社会、競争社会、格差社会の現在では、バカになることが「負け組」につながり、自分のバカを減らすことが「勝ち組」につながる。だからこそ、少しでもバカになりたくない、バカと言われたくない人にとっては、本書は役に立てると信じているし、それがうまくいくと、人生は必ず得をすると言いたいのである。

バカとは何か／目次

第一章 バカの定義を考える

衝撃的なバカ論との出会い

私がバカとは何かについて書いてみたいと思った理由は、バカというのが、精神障害者や精神遅滞のような人たちを指す差別用語ではなく、ダメな人と感じた際に、たとえば親が子に、親方が弟子に、投げかける叱咤激励の類のことばであるという信念があるからだ。平たく言えば、バカは治らないものではなく、治るものだし、治すべき、克服すべきものだという風に信じているのである。

実は、私もバカが差別語の体系に入るものではないと確証をもっていたわけではない。ただ、たとえば精神病院で精神障害者の人に対して、「バカなことはやめろ」とは言えても、彼らそのもののことを「バカ」ということばで呼ぶことはない。また、私が育った関西ではアホが、東京ではバカが、日常感覚で当たり前に使われていることをニュアンスとして感じ取っていた。

私が学生時代に最初に知遇を得て、今でも敬意をもってつきあっているテレビマンに松本修さんという人がいる。

この人は関西発の伝説の人気番組『ラブアタック！』を立ち上げたかと思うと、今でも関西ローカル番組としては最高視聴率を誇る『探偵！　ナイトスクープ』なる番組を生んだ名ディレクター、名プロデューサーなのであるが、この『ナイトスクープ』が生んだ最大の功績として今でも語り継がれるものに、「全国アホ・バカ分布」なるものがある。

この番組は、視聴者の素朴な疑問に対して、ユニークなキャラクターのレポーター（探偵）たちが、笑いを交えながら、まじめに答えを出していったり、実験したりという番組なのだが、その中で「アホとバカの境界線はどこにあるのでしょう」という質問が寄せられた。

結論的に言うと、アホとバカの境界線はなく、その間にタワケということばを使う地域があり、また京都を中心に同心円を描くように、それらのことばを使う地域が広がっており、関東だけでなく、九州でもバカということばがポピュラーに使われることが明らかになる。そして全国へのアンケート調査の結果、二三のことばが用いられ、ほぼ同心円状に分布することが明らかにされる。

ここで、私がこの話を取り上げたのは、典型的な凝り性の松本氏が、それについて四〇〇ページ以上の分厚い本にまとめた際に、さらに詳密な分析を行い、このアホ・バカに属するすべてのことばが、差別語の体系にないことを証明したことに深く感銘を受けたからである。

たとえば、沖縄の方言に「フリムン」という言葉があるのだが、一般的には、これは「気が触れた者」という意味の「ふれもの」から来ているものと考えられていた。これを沖縄や八重山諸島の音韻変化に当てはめて、もともとの意味は「ぼんやり者（ほれもの）」であることを解き明かしたくだりには感激した記憶がある。要するに、全国的に見て狂気を指す語をバカという意味で使ったものはなく、どこか抜けているとか、ぼんやりしているとか、しっかりしろという意味合いの語がバカに相当する語として使われているという松本氏の考察はきわめて説得力のあるものだった。

松本氏と親しくしていた関係で、かなり早い時期にこの本を読破していた私は、バカは差別語や侮蔑語ではなく、治すべき、改めるべきものと確信することになった。一時期バカと名のつくタイトルの本が続けて出された時期があり（立花隆氏の『東大生はバカになったか』勢古浩爾『まれに見るバカ』など、『バカの壁』が大ベストセラーになる前の話である）、私もバカの解説書を作りたいと思うようになった。

当時の私としては、その手の「バカ」本の多くが、世の中にバカが増えて困るという感じでバカをおちょくるものだったことが不満だった。そこで、「バカにはいろいろな種類があるが、非適応的な損な状態なので、当てはまる場合、それを治していけば、みんな賢い人間になれるし、バカに気づいて治そうという心がけが大切だ。だからどんな状態だとバカだとされるのかを詳しく知る必要がある」という考えの本を出したかったのだ。しかも当時は、受験勉強法や、大人のための勉強法の本などがベストセラーになっていた。これらの基本的なコンセプトとして、要領が悪いことも含めて、勉強をしてバカを治しましょうというのが、私のメーンテーマだったことも大きいのだろう。

ところが、まじめな内容のつもりだったのに、当時、企画を出した出版社には、「当社では、タイトルに『バカ』なる言葉を使うような本は出版できない」ということで、ボツにされてしまった。そうこうするうちに養老孟司先生（私の学生時代の先生だったので、私にとっては本当に先生）が『バカの壁』を出されて、新書史上に残るベストセラーになった。二番煎じに思われるといけないなどという話で、この企画が立ち消えになってしまったのだが、昨年ようやく、私なりのバカ論入門を上梓したところ、出版社がつけた挑発的なコピーもあいまって、ある読者の方から予想外の抗議を受けることになり、考えさせられることが多かった。

確かに人間関係において相手を怒らせたり、みすみす敵を作るようなことは得なこととは言えない。ゲラの内容のチェックはまめに行うのに、それ以外の確認をちゃんと行わなかったことは、私自身がバカになっていたと認めるべきだろう。私はこのことで反省した上で、またその読者の方に「今後の参考にさせていただく」と返事を差し上げたこともあって、バカということばの意義や奥深さをさらに深く考えた「バカとは何か」の決定版を出そうという気になった。

それが、バカをしつこいくらいに考えるようになったいきさつである。

辞書ではどう定義しているか

バカということばは、非常にありきたりの日常語であると同時に、小さい頃から使ってきたことばであるゆえ、その意味を真剣に考えることが少ないだろう。

実際、私自身もバカということばを、なるべく客観的に、なるべくまじめに、考えてみようという気になれるのは、子供の頃に使っていたことばが「アホ」だったからかもしれない。今でも、感情的になるとつい口をついて出るのは「アホ」のほうである。

一方で、私は、小さい頃からスポーツもできず、体も小さくていじめられっ子だったので、「賢い」ことだけが唯一の取り柄だった。そういうこともあって冒頭で書いたように、アホとかバカとか思われるのが絶対に嫌だったし、バカやアホにだけはなりたくなかった。

バカということばはいろいろな意味で用いられる語である。

広辞苑を引くと、「①おろかなこと、社会的常識に欠けていること、また、その人②取るに足りないつまらないこと。無益なこと。また、とんでもないこと③役に立たないこと④馬鹿貝の略⑤（接頭語的に）度はずれて、の意」とある。

もともとが日常語なので、もっとたくさんの意味があるかと思っていたが、広辞苑でさえ、これだけの意味しか挙げられていない。

①がこれから本書で考察していくもともとの意味であるが、広辞苑では、愚かということと、社会的常識の欠如を重視していることに着目したい。

どういう状態が「愚か」ということになるのかは、さらに考察をしていくが、少なくとも〝社会的常識に欠ける人間がバカだ〟というのが広辞苑の見解なのである。そして、その例として「専門バカ」ということばを挙げている。

能力や頭のよしあしより社会的常識を重視することは、日常感覚から見ても納得できるものである。逆に「バカになれ」などという言い方をするのは、常識を取っ払えという意味でもある。漫才などで「ボケ」と言われる人は、このような常識はずれの役回りをする。

新聞やニュースのコメントにつっこみを入れるというが、実は漫才の世界では「つっこみ」は、常識に戻す立場の人間のことを指す。そういう意味では、バカというのは、必ずしも非適応でなく、激変の現代社会ではバカも必要と言われるかもしれない。

しかし、私の見解では、常識を知っている上ではずすのと、常識が本当にないのでは意味が違う。漫才師にしても、ぼけの側の人のほうがインテリが多いと言われるのはそれゆえだろう。
②の例では「バカを言うな」「バカなことをした」が挙げられている。どちらかというと無駄なことというニュアンスが含まれているし、自分に使うときは後悔の念が込められていると言っていい。このようなバカを言う人やバカなことをする人をバカと言う際には、それにこだわる頭の固さや、同じ「バカなこと」を繰り返すようなケースなのだろう。一回こっきりのバカなことやバカなことばではバカとは言われないのが通例である。
③の例はねじがバカになるというような意味だそうだが、私が本書で強調する「不適応」のニュアンスが強いとも言える。
さて、普通に辞書として用いるには広辞苑が優れているが、日本語としてのニュアンスを教えてくれることで私が愛用している辞書に『新明解国語辞典』がある。その最新版である第六版を引くと、「①記憶力や理解力が世間一般の人に比べてひどく劣っているとと

らえられること（人・様子）②社会通念としての常識にひどく欠けていること（人・様子）③どう考えても不合理で納得できないと思われること（人・様子）」とある。

①の能力が劣っているという点は、実は、広辞苑でいうところの「愚か」と同じことである。

ただし、広辞苑の「愚か」では「知能・理解力が乏しいこと」とあるが、新明解では「記憶力や理解力が世間一般の人に比べてひどく劣っているととらえられること」とある。新明解の説によれば、〝本当に劣っているかどうかより、周囲がどう捉えるかが大切〟なのである。

これは、バカを考える際に重要な視点と言わざるを得ない。バカを脱却することを主眼とするならなおさらだ。いくら能力を高めたところで、見せ方がうまくないとバカに見られるし、それがバカの定義に当てはまることになるのだ。

これに比べて、社会通念としての常識に欠ける場合は、そう見える見えないに関係なしにバカとして扱われている。これは広辞苑でも新明解でも同じことである。

バカと言われないため、バカにならないためには、本書で考察するいろいろな能力が劣らないように努力すべきであると同時に、周囲に能力が劣っているように受け取られないように、自分の見せ方を考えること、そしてさらに社会常識をきちんと身につけることが必要だと言えそうだ。

「通じない」という巨大な壁

日本のバカ論史上最大のベストセラーになった養老孟司先生の『バカの壁』の前書きの中で、人間誰にでもわからないことが生じてきて壁につきあたる、とある。その壁を「バカの壁」というのだが、それが誰にでもあるのだと理解すると逆に楽になるし、わからないと思っていたことがわかるようになる、という意味のことが述べられている。

以降、わかる・わからないについての優れた考察がなされるわけだが、わからない状態が「バカ」とすると、これが相対的なものであって絶対的なものでないことと、わかる・わからないというのは相手次第だということを説いている。

つまり、聞く耳を持たない人にとっては、何を言ってもこっちの言いたいことが通じないのだから、それがバカの壁なのだということだ。そして、話が通じない相手のことを我々は「バカ」と思ってしまう。新明解の定義でいけば、理解力が人より劣っていると相手にとられればバカということになるのだから、この考え方は妥当なものである。

どんな人の話でもバイアスをもたずに聞き、理解するというのは難しいだろう。たとえば、カルトとしか思えない新興宗教の勧誘にあったとすれば、我々はあえて聞く耳を持たないようにするかもしれない。そのほうが安全と考えるからだ。相手にしてみれば、「こんなに大切な真理がわからないなんて、この人は本当にバカな人だ」と思うことだろう。しかし、逆に、その人に説得されて、その宗教に入ってしまうと、今度は、その宗教が一般社会の常識と違ったことを言うものだと、世間様から「バカ」だと言われることになる。一つには、社会的常識が欠けてしまうと無条件に「バカ」の定義に入ることがある。もう一つは、世間から見ると能力が劣る人と見られることもあるだろう。

たとえば、稼いだ金をみんな寄進したり、あるいはその宗教活動のために仕事をやめてしまうといったことがあるとする。今のように「お金がいちばん大切」という社会通念で生きている人が多い際には、「なんて騙されやすい知的レベルの低い人なのだろう」——つまり、バカと思われてしまう。

後でも説明するが、人間、感情的になっているときは人の話が通じないし、強い信念や決めつけがあるときにも人の話は通じないものである。

現実に、『正論』や『諸君！』の読者の人たちが、左翼系の雑誌を読むことはまずないだろうし、自分をリベラルともって任じている人たちは、軍装行進の広告が出ているような雑誌はちゃんちゃらおかしいと思っているかもしれない。『朝まで生テレビ!』のような番組では、自分のスタンスの問題もあるから、なかなか自説や立場を変えられないのはわかるが、それでも、相手の話をちゃんと聞いていると思えるような反論は少ない。本来、知的レベルの高い人でも、聞けていないということで、相手を理解できないバカになってしまうことは珍しくないのである。しかし、相手を理解した上での反論とそうでないもの、あるいは相手の立場や主張を知った上での反論とは意味が違うのは言うまでもない。

「わからない」のはバカじゃない

話が通じているつもりでも通じていないということもある。

要するに「わかったつもり」になることである。

人間、そうそういろいろなことを理解できるものではないし、わかった気になることのほうがかえって害があると養老先生は説く。しかし人間というのは、わかった気になりたがる生き物なので、相手の真意が理解できていなくても、わかった気になる。そしてトラブルになって初めて、相手の話が通じていなかったということが判明するのである。

バカになることが、常識を取っ払うという以上に意味があるとすれば、わからないことを素直に認めることだろう。

定義上、理解力が劣っていたり、そう思われると「バカ」ということになるので、世の中、わからないことを素直に認められない、打ち明けられないという人はやたらに多い。

しかし、これを聞かないと中身の上で、バカはバカのままになってしまう。

私が本書で強調したいのは、バカは原則的に治せるものだし、むしろバカを治そうとしない、向上心がない状態がもっともバカな状態だということである。

「わからない」と思えるから科学的探究心というものが生まれるのであるし、「わからない」と思えるから勉強する気になる。

もちろん、わからないことを減らしていくのが勉強であり、人間の発達と言えるのだが、「わからない」と認めることはバカではない、自分のバカに気づかないほうが、あるいはわからないのにわからないことを認められないほうがよほどバカだと強調したい。

私は最近アメリカという国を本当に嫌いになっているが、嫌いな国のいい点を認められるのも、リコウの一つの形と信じているので、あえて言わせてもらうと、かの国では、授業などを聞いて質問ができないこと、疑問点をもてないことがバカと思われる。そのためちゃんと聞いていればわかるはずの非常にくだらない質問をすることが多いのだが、少なくともわからないまま放っておくのはまずいことだという共通認識があると、バカが減るのは事実だと思う。

ところで、話が通じないという場合、話す側が賢くて、話が通じなかった側がバカという見方がされがちである。ここで、考えないといけないのは、わかるように話せないのは、やはりバカだと言うべきだということである。

というのは、わかるように話すためには、相当の理解力や表現力が必要だからだ。自分がわかっていないで、難しいボキャブラリーで話をしていると賢そうに見えるが、説明を求められたとたんにもっとわからない説明になることは珍しいことではない。わからないような難解な講義をする人の多くは、やはり自分自身がよくわかっていないことが多い。

もう一つは、相手にわかるように話すには、それなりの共感能力が必要だということだ。相手の知的レベルや好奇心のレベルなどを理解していないと、なかなか相手を聞く気にさせ、納得や満足のいく話はできない。また想像力や知識や語彙の豊かさがないと、わかるようなたとえ話もできないだろう。

またまた嫌いなアメリカを引き合いに出すが、アメリカでは、少なくとも大学レベルになると学生が講師に、授業のわかりやすさなどの評価を下す。また、難しいテキストの著者より、心理学書やマーケッティングの本など一般向けにわかりやすい本を書いている著者のほうが評価が高い。日本の学者バカと言われる人たちが、難しいことばしか使えず、教授という教育職の肩書きで給料をもらっているのに、ティーチングスキルを磨こうとしないのは、やはりバカと言われても仕方がない。

相手をバカと決めつけるのは簡単だ。学者の先生方は、「最近の学生はバカになって私の講義が理解できなくなった」と言うだろうし、宗教対立の仲裁や外交問題などでも「過激派や原理主義者には説得のしようもない」などとバカにしたように言う。

しかし、それであきらめて、自分のほうが努力をしないのでは、説得力はつかない。通じないときに、相手がバカだと思うのは勝手だが、自分がバカになっていないかの検証は大切なことだろう。

バカは差別語、さげすみ語ではない

さて、話が少し説教じみてきたが、バカが治せるという前提条件として、「バカ」は先天的な脳の病の人や、心の病の人を指すものではないということを改めて考えてみたい。

たとえば、精神遅滞の子供に、「バカ」と言っても、これは憂さ晴らしであったり、弱者差別そのものであって、そんなことばを使うものでないとたしなめられることだろう。

バカということばが日常的に使えるのは、少なくとも、正常の人間に、「お前ちょっとまずいよ」というニュアンスで使うからだろう。もちろん、感情的に怒りを込めて使うこともあるが、それでも言っていい相手がいる。バカということばは治る見込みがあるから使っているのだ……と受け止める相手がわかってくれればいいが、一般的には傷つけるだけのことばならば使わないのが社会的常識であり、社会的常識がないのがバカの定義だとすれば、知的障害者にバカと言う人こそがバカということになる。

精神障害者に対しても、同様である。

たとえば統合失調症の患者さんがわけのわからない妄想を言ったり、こちらの説得が理解できないときに、「何をバカなことを言っているのだ」とは少なくとも医療関係者は言わない。もし、このような意味不明なことばを言うのに対してバカと言う人がいるなら、それはその人が病気だということを知らない場合だろう。

バカと言っても相手の変化が期待できないときにはバカとは言わないものなのである。

もちろん、日本の世間では、精神障害者に対する厳しい差別の歴史があった。

しかし、くだんのアホ・バカ分布の松本氏の労作と言ってよい調査では、このアホ・バカ系のことばには、一つとして、気が狂ったという意味がなかった。現在の激しいことば狩りと言っていいような差別用語の使用禁止の中で、アホ・バカ系のことばはテレビでも堂々と使えることばとして生きているし、隠語化してはいないのである。

松本氏が指摘するように、だからこそ、この系列のことばは親が子供を叱るときに使えたのだろう。そして、誰でも一度は言われたことばとして、心に残るが、親にも言われたことのあることばとして、決定的な悪感情を残すものではなかったのだろう。

新明解国語辞典では、バカは「人をののしる時によく用いられる一方、心を許し合える間柄の人に対しては親近感を込めて何らかの批判をする際に用いられることがある」とされ、その例に、女性が相手に甘えた態度で非難して使う「バカ、バカ」を挙げている。いわゆるケンカ用語であって闘える相手に使うもの、つまり反発のできない相手に使うことばではないということだ。

とはいえ、言われた側には、それなりのインパクトは残す。バカと言われたから悔しくて勉強をするとか、女性に「バカ、バカ」と言われたら、その女性がいとしくなって、その批判や要求を受け入れる気になったり、何らかの形で親や親分からの叱責の体験とリンクして、目を覚まさせる効果のあることばであるし、あるいは、悔しい気分を即座に蘇らせることばである。

だからこそ、私のようにバカ恐怖をもつ人間を生み、感情面から人々に努力を促す効果があったのだ。「俺はバカだから」と開き直ったり、「バカでもいい」と思っていては進歩というものがなくなってしまうのだ。

語源は「無知」を意味する梵語？

さて、そこで気になるのがバカの語源である。

広辞苑によると、バカは馬鹿と莫迦の二つの字が当てられており、「梵語 moha（慕何）すなわち無知の意からか」という語源説が載せられている。

広辞苑というと、辞書の中の辞書と言えるもので、もっとも客観的に近い形でことばが所収されているように思われているが、辞書にはどんな辞書でも編者がいる。前述の新明解国語辞典が、一つ一つのことばに独自の解釈が加えられているように、広辞苑といっても、編者の解釈が加わるものであることは言うまでもない。

要するにバカの語源が梵語の moha（慕何）というのは、広辞苑の編者である有名な国語学者の新村出《しんむらいずる》氏の解釈にすぎない。後述するが、こういうことに疑いをもつのもバカにならないためのトレーニングの一つと言っていい。

実際、バカを莫迦と書くのは、この語源説に則ったものと言ってよく、新明解国語辞典には、我々が通常使う馬鹿という字しか当てられていない。

これに対して、先の松本氏は、この梵語説は成り立ち得ないものとして否定している。というのも、このアホ・バカに相当することばが、すべてストレートに「無知」や「痴」を意味することばではないからだというのが松本説なのである。

たとえば、ぼんやり者という意味の「ホレモノ」「ボケ」、虚ろであるという意味の「ホンジナシ」「コケ」、人を間抜けな動物に喩えた「タクラダ」「アンゴウ」などである。

これに関して民俗学者の柳田國男氏は、このことばを日本の純然たる俗語であるとして新村説を批判したという件《くだり》を、新村氏自らの著書の中で紹介している。

今回の著書はバカ状態とはどのようなもので、どのように克服すべきかについて論じるつもりで書いたものなので、私自身は、国語学者たちの論争に加わる気もないし、それだけの知識や、探究心、あるいはそれに費やす時間の用意がない。が、あえて松本氏がたどりついた語源説に賛同したい。

松本氏の説では、このバカということばは、唐の時代の誰もが知る有名な詩人白楽天の諷喩詩「君見ずや馬家の宅は尚お猶お存し」から来ているという。これは、驕り高ぶったあげく落ち目になった馬さんの邸宅はまだあるよという意味で、馬家のように傲慢に生きてはいけないという戒めの詩だったようだ。

これが平安の知識人から庶民に語り継がれた上で、今のバカになったというのが松本氏の説である。そして、このことばは、「人の徳、人としてあるべく精神の美しさについて問いかけた言葉」であり、「日本人は、清廉な人生を生きたいと願い続けてきた」ことの裏返しであると氏は主張している。

私がこの説を気に入ったのは、氏の綿密な調査や文献検索の説得性だけではない。むしろ、バカということばが、今でも、社会的地位の高い人に対する批判にも使われることばであるからだ。バカ殿という場合、コメディアンの演じるような知的レベルの低い殿様というより、私のイメージでは、裸の王様のように人の批判を受け入れられなかったり、的はずれな政策で結果的に大衆に迷惑をかけたりする殿様のイメージがあるからだ。

学者バカというのも、専門バカというのも、専門外のことを知らないで、自分の専門以外の分野では、ただのバカ、常識知らずの人という意味より、それでいいのだと開き直り、自分は偉い学者なのだと思い込んでいる人のほうがぴんとくる。ものすごい博識でありながら、常識はずれで知られる南方熊楠のような人は意外に、「あの人は学者バカだ」と言われることがなかったのではないか？　むしろ、一見学者然として偉そうにしながら、実は教授になってからろくに勉強せず、それが部下に見透かされているような、下に尊敬されない学者がバカと言われていたのではないかというのが、私も短いながら、大学の医局にいた経験から言える印象である。

もちろん、バカ社長、バカ政治家という場合も同様だろう。地位だけは偉いけど、学歴だけは高いけどダメな奴がバカと言われるのには、こういう由来があったのだ。

IQとEQ（心の知能指数）から考える

そういうわけで、私はバカということばは多面的なものだと思っている。

これは、最近の心理学の考え方で、バカと対をなすリコウ、つまり頭のよさが多面的なものと見なされていることと符合する。

たとえば、ハーバード大学のハワード・ガードナー教授は、頭のよさというものは一種類ではなく何種類もあるのだという「多重知能」のモデルを提唱している。

その考え方でいけば、これまでのＩＱ的な知能（ガードナーの言う言語的知能と論理数学的知能）の高い人だけが頭のいい人ではなく、性格的な「頭のよさ」もあることになる。ガードナーは当初、この二つに加えて、音楽的なセンスのよさ、身体運動感覚のよさ（これはスポーツができるという意味だけでなく、外科医やエンジニアのような人にも重要と考えられる）、空間的知能（空間のパターンを認識して操作する能力、パイロットや建築家などには重要な能力）、そして対人的知能、自分自身を理解する能力である内省的知能の七つの知能を想定して多重知能論を提唱した。

その後、ガードナーはスピリチュアルな知能や見慣れない生物を適切に類別できる博物的知能など、さらにさまざまな知能を想定している。

ガードナーは、そのどれかが優れていることで個性を発揮できるとしているし、どれもが優れている人などそういないと考えているので、ある知能が劣っているからといって、そのままバカということにはつながらない。

むしろガードナーの考え方にヒントを得て、世間のＩＱ信仰に疑問を投げかけた、ダニエル・ゴールマンという心理学者の紹介するＥＱ理論のほうが、バカを想定していると言ってよい。

もともとの着眼点が、IQが高いのに社会で成功できない、端的に言えば、ハーバードのビジネススクールのような一流の学歴をもつのに、社会に出て成功できない人に欠けている能力は何かを考えるところにあった。そこから、IQとは違った方向性の、感情の知能と言うべきものがあるとしたのがEQ理論である。

ハーバードのビジネススクールで求められ、あるいは身につけられる知性のレベルは高い。東大の場合は、原則的にペーパーテストの一発試験で入学できるし、また授業のほうもいわゆる「学者バカ」と言っていいような大学以外の世間をろくに知らない教授たちが、昔ながらの大教室で教科書棒読みのような講義をすることが珍しくないので、卒業してもビジネスの世界で成功できる保証がないのは何となく納得できるだろう。

しかし、一流のビジネススクールの場合、大学院レベルの入学適性試験とされるGREのようなペーパーテストでの高得点だけでなく、小論文も書かされるし、何回も面接を受けるという形でのセレクションであるから、試験秀才であるだけでは合格できない。また授業のほうも現役の政治家や財界人、ベンチャーの成功者、心理学者などさまざまなジャンルの、しかも実社会で成功している人がディスカッション形式の少人数での授業を行うのだから、これでバカが生まれるとはちょっと考えにくい。

しかし、結論的には感情のコントロール能力や、対人関係能力のような感情面の知能が育っていないと、社会では成功できないことが明らかにされたのだ。

そういう意味では、精神遅滞のような場合を除いてIQ的な知能が足りない人をバカと言うのと同様に、あるいはそれ以上に、IQは高いがEQが低い人はバカと言うべきと考えられるのだ。

私に言わせるとバカというのは、IQやEQが低い人だけではない。またIQやEQが低いといっても、そのどの要素が劣っているかでバカの種類が変わってくるだろう。数学ができて国語ができない、つまり理系の能力は長けているのに、読解力や文章力が劣っている人もバカと言っていいだろうし、逆に国語はできるけど、数学的にものを考えられない人もバカである。最近の認知科学が想定するように、知能が多面的なものであることがわかればわかるほど、バカも多面的ということになるのだろう。

バカは治るか、治すべきか

バカが多面的であるということと、もう一つ本書で提示したいことは、バカは原則的に治るということである。逆に治らない状態に対してはバカということばは使わないし、使うべきではない。

「バカにつける薬はない」とよく言うが、精神科医の立場からすると、薬で治すような状態についても、たとえば統合失調症やうつ病についてもバカと言うべきではない。

結局のところ、バカというのは、生き方や考え方や態度の問題が大きいのだと私は考えている。

もちろん、最近、問題になっている学習障害（勉強をしても数学や読字などができるようにならない学習能力の障害）の問題があるので、軽々には言えないが、一般的には算数ができなかったり、字が読めない大人を我々はバカと呼ぶことがあるだろう。彼らが教育の機会に恵まれなかったという不幸があったり、あるいは若い頃は勉強をする気にならなかったということがあるにしても、ここで悔しいから発奮して、大人になってからでも字を覚えようというのなら、バカを脱却できる。少なくとも世間並みになれる可能性は小さくない。それ以上に、彼らがそうやってバカから脱却するための努力をする姿を見ると、仮に能力が劣っていても、「バカ」ということばを使うのは憚られるはずだ。

アメリカ人のように知的レベルが劣っているのは、すべて努力が足りないせいだと考え、それを切り捨てていいとは私は思わないが、バカというのは並になれば脱却したと考えてよいのだから、ある程度努力をすれば解決することが多いのも確かなことだ。

自分と違う思想や宗教をもっている人の話を聞く耳を持たないというのも、私の定義ではバカということになるのだが、これにしても生き方をちょっと変える気になれば、脱却は不可能なことではない。

あるいは、EQ理論の唱道者であるダニエル・ゴールマン氏が主張するように、EQというのは、教育によって高められるものとされる。たとえば感情のコントロールに努めようとしたり、人の感情を理解しようと努力するだけで（これについてもアスペルガーなどの発達障害のような例外もあるが）、EQについてもバカレベルを脱却できるだろう。

最近の精神医学の世界では、ものの見方や考え方を改めることで、心の病にかかりにくくなるし、またかかった場合も重くならなくて済むという認知療法と呼ばれる治療法が人気を集めている。

たとえば、物事について白黒はっきりつけたがったり、オールオアナッシングで考えたり、周囲の人のことを敵か味方かにすぐ分けたがる二分割思考と呼ばれる考え方がある。

この場合、仕事や勉強についても成功か失敗しかないので、ちょっとうまくいかなくなるとすぐに「失敗だ」「もうダメだ」と考えがちになるし、あるいは味方とか友達と思っていた人が、ちょっと自分の批判をしたくらいで相手のことを敵だと認知してしまう。

こういうタイプの人は、うまくいっているときはいいが、だめになると落ち込みが激しいのでうつ病になりやすいとされているし、うつになった際も完全に元に戻れないとよくなったと思えないので、なかなかうつから抜け出せないとされている。

ところが認知療法という、ものの見方や考え方を変える治療法で、この二分割思考を矯正してあげると、うつも回復しやすくなるし、再発もしにくくなることが明らかになっている。

もちろん、この手の二分割思考をする人は、相手のことを敵か味方か分けすぎるし、相手や仕事に対する評価が一〇〇かゼロのように急に変わるので、仕事の面でも、不適応になることが多い。

これについては、ほかの不適応思考のパターンも含めて後で解説するが、やはりこれはバカなものの見方や考え方と言っていいだろう。そして、これも治す気になれば治るのである。

バカにつける薬とは

読者の方の中には、ＥＱ理論にせよ、認知療法でいう不適応思考のことにせよ、知らなかった人も少なくないだろう。そして知らないことには治しようがないという側面もある。そこで、バカを治したければ、なるべく多くの種類のバカのパターンを知っておくに越したことがないということになる。

だから本書では、次章以降でさまざまなバカのパターンを紹介し、原則的に努力で脱却できる数多くのバカのパターンについて知ってもらいたいと思うのだが、ここで、大きな問題にぶち当たる。「そんなに数多くのバカのパターンがあったとして、すべて治さなければいけないのか？　すべて治さないとバカのままなのか？」ということである。

一つ言っておきたいのは、バカとリコウというのは、二分法のものではなく、スペクトラムのようなものだということだ。バカでなければリコウ、リコウでなければバカというような考え方は、それこそ前述の二分割思考そのものであって、バカな考え方なのである。

バカが黒でリコウが白だとすれば、グレーの色が薄いほどリコウに近いが、真っ白というのはあくまで理想形、理念形であって、実際にはまずいないのである。我々ができることは、できるものからバカを治していって、少しでもグレーの色を薄めていくしかない。

次に言いたいのは、バカを治すのにも優先順位があるということだ。これさえ治せば、そこそこ社会でうまくやっていけるというものがあるのなら、まずそれを治すことを優先すべきだ。また時期によって治さないといけないバカがある。たとえば受験生のときは、ほかのバカよりできない科目のバカを治したり、時間の使い方のバカを治さないといけないだろう。社会に出たときや、異性にもてないなどという問題を抱えているときに治すべきバカは、もっと対人関係的なものになるはずだ。バカを治す優先順位を決められず、しょうもないバカを治すことにこだわるのも、やはりバカと言っていい。

最後に言っておきたいことは、バカにも合計点主義が当てはまることと、足きりや地雷のようなものが存在することだ。

たとえば、私は受験生に対して、苦手科目にこだわりすぎるなと言う。得意科目の点を伸ばして、苦手科目の負担を減らせば、苦手科目はバカのままでも合格できる。受験においてバカかリコウかを決めるのは、苦手科目やバカな科目がいかに少ないかより、合計点で大学に合格できるかである。

ただし、大学によっては足きり点というのがある。合計点では合格でも、ある科目が特別にできない子供は合格させないという考え方の大学があるということだ。最近では、医学部の入学試験には面接がある。これにしても、いくら点数が高くても、医師の適性のない人間は合格させないという考え方に基づいているので、面接バカの人は合格できない。

これは受験の時期に限ったものではない。バカというのは合計点主義で決められるものであり、すべてのバカを治すより、得意なものが強いほうが社会でうまくいくことが多いものだ。しかし、それでもなるべく治したほうがいいバカがあるのは事実だ。たとえば、ダニエル・ゴールマン氏の主張するようにＥＱが低ければ、ＩＱが高くても社会では成功できないのなら、ＥＱが低い人は治すに越したことがない。

本書でも、これは治したほうがいいと思われるバカについては、それを強調することにした。

要するにバカを治す際には、あまりに苦手なものに固執せずに、全体としてバカと思われないようにするだとか、得意なものの能力を伸ばして、できる人のイメージをつけておけば、多少できないことがあっても目立たないのだ。そういう現実判断が必要な一方で、これだけは治しておかないと社会生活に差し支えるようなもの、つまりバカな世渡りしかできないものに関しては、きちんと押さえておくことが必要ということだろう。

第二章 世間のバカを見極める

鈍臭い人、要領の悪い人

学生時代、一六ミリの映画製作に失敗したことがある。

その際に、自分の鈍臭さ（段取りの悪さや仕切りの悪さのためにどんどん製作日程が嵩み、最終的に借金のために映画が頓挫したのだ）に嫌気がさして、「映画というのは、頭のいい奴でないとできるものではない」と自嘲気味に嘆いたことがあった。

その際に、とある知り合いに「嫌味だからやめろ」と忠告を受けたのを今でも覚えている。彼に言わせると、東大の医学部に行っていて、映画を撮っているからといって、そうでない人間をバカにしているように聞こえるとのことだった。彼が私が映画で挫折したのを知っていたかどうかわからなかったので、事情を説明したが、それでも「そんな風には取れない」と言われた。

日本というのは、自分の学歴をひけらかしたり、ひけらかすまでいかないまでも、自慢することははばかられる社会である。だが、こんなときにまで遠慮しないといけないのか（その人がこちらの学歴を知っているだけで、自分から学校名を言ったわけではないのに）とがっかりした記憶がある。とはいえ、社会常識からはずれたり、社会常識を知らないとバカであるという定義に基づくと、これは十分にバカなことをしていたわけである。

序で私は「子供の頃であれば、勉強ができさえすれば、バカと言われることはまずないし、言われたとしても、どうせ負け惜しみと思えたから話は簡単なのだが」と書いた。確かに自分のことをバカと思ったり、バカと言われたことは小学生の頃であれば記憶にないが、――逆に当時勉強のできなかった弟のことをさんざんバカ、いやアホと言って、いじめていたのは私にも彼にも記憶に深く残っている――勉強のできる奴の集まりである灘中学に行くようになると、勝手は違ってくる。

成績の悪い奴というより、やはり反応の鈍い奴、いわゆる「トロい」奴がバカ扱いされた。これは東大に入ってからも感じたことだが、世の中には、本当は勉強ができて、頭の回転や問題解決能力もそんなに悪いわけではないのに、この手のトロい奴は確かにいる。後で東大生と聞いてびっくりされるのは、このタイプの人間だろう。

私自身のバカ恐怖の原体験となったのは、灘中に入って一年もしないうちに劣等生に成り下がったときの話である。

灘中に五番で入ったことに慢心したのと、塾の先生が「灘に入ったらところてん式に東大に入れるから、今勉強して灘に入ってから遊べ」と言っていたのを、親子ともども信じてしまった報いなのだが、中学の二年くらいになると親の学歴と成績の相関がかなりはっきりしてきた。子供が灘中に受かっても浮かれることなく、勉強をさせ続けるようなしっかりした親は、ほとんどが高学歴の親だったし、うちは父親が関西の二流の私立大学出身、母親は女学校卒、つまり今の高卒の学歴だった。やはり「カエルの子はカエル」なのだと素直に諦めていたし、自分のことを多少は「やっぱりバカだったか」と感じたものだ。

しかし、私の中では、「勉強ができない＝バカ」という単純な図式もなかった。東大に入れないかもしれないが、スポーツもできないし、手先も不器用なので知的職業で食べていくしかないという意識はあった。

たまたま灘高（旧制灘中）の大先輩の遠藤周作氏が講演に来たのと彼のユーモア小説群のファンになったこともあって、小説家を志したこともあった。その後、同じユーモア小説のカテゴリーに入る筒井康隆氏の小説を読んで、イマジネーションの凄さに圧倒されて、小説家を諦めた。

このとき学歴や勉強とは関係のない頭のよさというのを見せ付けられた気がしたし、自分がバカに思えてきた最初の体験のような気がする。

さて、その後、幸運なことに勉強法に目覚めて、優等生——といっても学校の試験はガタガタで模擬試験だけできる嫌な奴だったのだが——に返り咲くことができたのだが、その後、よその学校の連中を「こいつらバカだ」と思ったことがあった。

私は、受験勉強もどうにかなるだろうという見込みが立ったので、高三の夏休みは図書館で勉強しようと考えた。これは、静かな図書館でという殊勝な考え方のためではなく、灘高が男子校だったので、ガールフレンドでもできないかという不純な考えのもとだった。

ところが、図書館に行ってみると、こちらの想像を絶した風景が目の前にあった。みんなが驚くべきほど静まり返っていて、一心不乱に勉強しているのである。六年かけて受験勉強をするという強みもあるのだろうが、灘高の場合、受験生になったという意識がどちらかというと希薄だったので、このシーンには胸を打たれた。その上、彼らは朝の九時から夕方の五時半くらいまで、ほとんど席を立たない。弁当持参で、それも五分くらいで食べてしまうのだ。トイレにもせいぜい二、三回席を立つくらいだ。こんなことでは追いつかれてしまうと正直焦った。

しかし、二、三日、そこに通ううちに、逆に絶対彼らに抜かれることはないという自信を持つに至った。「こんなバカ（当時はアホ）に負けるわけがない」と。

なぜ彼らをバカと思ったかというと、勉強のやり方が鈍臭過ぎたからだ。数学の問題も一日かかって、数問しか進んでいない。古文の文章をノートに丸写しにしてから、一生懸命辞書をひいて全訳して、これも一日に数ページしか進まない。「できなければ答えを見ればいいのに」とか、「もっと古文ならいろいろな文章にあたらないといけないよ」とか言ってやりたい気分だった。彼らが成績が悪い以上に、自分の勉強法がいかに効率が悪いかに気づいていないことが子供心にバカに見えたのだ。

私が後に受験勉強法の本を出すことになったのは、弟やそのときに知り合った友達をはじめとして、大学在学中に、受験産業での数々の教え子を成功に導いたこともさることながら、このときの体験が大きかった。勉強ができないのがバカなのではなく、やり方を変えられないのがバカなのだと言ってやりたくなったのだ。

さて、その後も、私のイメージするバカとは、要領の悪い人、鈍臭い人であり続けた。同じ東大に行っていても、バカだと思うのは、こういうタイプの人間だった。学力の高いことが保証されているのだから、こちらも相手のことをバカと言いやすいし、思いやすい。東大生というのは人が考える以上に、バカと言われ慣れているのではないかと想像する。ただ、やはりバカと言われるような鈍臭い奴は、東大を出ていてもそんなに大成功はできないだろう。もちろん、生き方、考え方を変えることで東大卒のバカから脱却できた人もたくさんいるだろう。そして、生き方、考え方が賢くなることで、東大卒の人たちは本当の意味でリコウになるし、世渡りもうまくなるのだと私は信じている。

重ねて言いたい。鈍臭い奴、要領の悪い奴は、私から見るとバカだと。

結果が出せないかわいそうな人

そうは言っても、受験のテクニックや灘高にあふれる受験情報のおかげで東大に入れたと思っていたので、当時は自分の頭のよさにはそんなに自信をもっていたわけではない。その年は、灘高から現役だけで一九人も東大の理III（定員九〇人）に合格していたので、理IIIに受かったからといって、そんなにずば抜けた秀才だという意識もなかった。ただ、よそから入ってくる奴、たとえば田舎の県から一人だけ理IIIに受かったような奴はすごい頭のいい奴、めちゃくちゃに数学ができる奴とか、頭の切れまくる奴なのだろうと想像していた。

結論から言うと、そういうわけではなく、確かに凄いできる奴もいたが、そんなに我々と違うわけでないとほっとした。しかし、別の意味での頭のよさに驚いた。それは、我々が灘高にいることで得た、仲間や先輩から伝わるような「門外不出の（今では私がほとんどを暴露してしまったわけだが）」受験テクニックを独力で編み出していたことだ。

天性の要領のよさとか、頭のよさがあるのだと当時の私は舌を巻いたものだ。

当時は、要領のよさとかレスポンスのよさでバカとリコウを判断していたので、東大生にはバカな奴はかなりいた印象が強かったが、さすがに理Ⅲにはそういないという気がした。要するにぬきんでて学力が高くない限り、要領の悪い奴、鈍臭い奴には合格できないレベルの入試関門だったということなのだろうと思う。

このときに感じたことであり、今でもおおむねそう思っていることに、バカやリコウというのは、結局のところ結果で判断されるということがある。

いくら勉強ができたって、結果を出すことができなければ、やはりバカなのである。東大に落ちて早稲田に入って、「何で俺がこんなバカどもと勉強しなければならないのだ」と周囲を見下したところで、何の結果も出ないだろう。東大に落ちた悔しさをバネにして、司法試験にでも合格すれば、リコウということになるのだろうが、いつまでも不合格を引きずった結果、結局バカにしていた連中よりも成績が下だったり、就職先が振るわなかったりすればバカということになる。東大に入ったことで驕ってしまって、やはりろくな就職ができなかったとかいうのだとやっぱりバカということになる。社会での成功につながらなければ、学歴だけあってもやはりバカということになる。

世間の常識からはずれていてバカとしか思えないビジネスモデルで仕事をしていても、成功すれば一気にリコウ、それどころか天才と言われるだろうし、バカになることができずに、守旧派、保守的なビジネスモデルに固執して、結果的に時代に取り残されれば、バカの烙印を押されてしまう。そして価値観やビジネスモデルがころころ変わる現在では、むしろ旧来型の成功モデルにこだわるほうが危険であるし、バカであることが多い。

私があえて、この話をここでしたのは、これから紹介するさまざまなバカのあり方について、どれが自分にとって治すべきバカかのガイドラインをもう一度明確にしたかったからである。小さなバカを治すのにこだわるより、自分にとってどのバカを治すのが、最高の結果につながるのかを考えたほうがよいということだ。

人間、結果さえよければ、そうそうバカにされるものではない。もちろん、ビジネス的に成功しても、法を犯し、つかまるような場合も結果が悪いと判断されるのは言うまでもないが、本当の意味で結果がいい人間をバカにするというのは、僻みと考えていいことが多い。もちろん、結果がよいために、あまり人を見下した態度をとると、周囲に嫌われてビジネスがうまくいかなくなって、結果的に落ち目になることもあるだろう。その場合も結果がいいから嫌われたのでなく、態度が悪いから嫌われたのである。つまり長期的に見てよい結果を出すということは、そのような性格的、EQ的な頭のよさが必要とされるのだ。そこの部分がバカであれば、「本当の意味で」よい結果を出すことはまれだろう。

もちろん結果に驕ってはいけない。今のような時代においては、成功することより、それを維持することのほうが難しい。成功に驕って落ち目になった馬家こそが本当のバカなのは、故事が教えるところであるし、バカの本当の意味を考えさせるものである。

結果が出せればリコウだし、結果が出せなければ結局バカと言うのは、それが長続きするようなフォローや人間性も含めてのことだとあえて言っておきたいが、その条件がクリアされるのであれば、バカやリコウはやはり結果論だと私は思う。逆に言えば、プロセスでバカと言われることに動じないこともリコウの条件かもしれない。

詰め込み教育はバカを作るか

私の思い上がりでなければ、私の考えるバカとリコウのアウトラインがだんだん理解されたことと思うが、世に言う、学校教育、詰め込み教育、あるいは受験勉強がバカを作るかという問題がある。

すかしたような回答で申し訳ないが、YESでもあるしNOでもあると私は考えている。

バカということばの定義で問題になったように、常識に欠けているのがバカなのであれば、確かに学校という場は常識を教えてくれる場ではある。教師のキャラクターにもよるだろうが、そうそう間違ったことを教えることはできないだろうし、現状のように監視がうるさいご時世では、常識はずれなことを教えるほうが難しい。教科書のほうは、綿密な検定を受け、歴史教科書などを除けば、常識的な内容になっているはずだし、歴史教科書にしても多少自虐史観に基づいているにせよ、常識をはずしているわけではない。

ただ、結果がよいかどうかでバカかリコウかを決める定義に基づけば、ちょっと雲行きが怪しくなる。少なくとも高校生くらいになるとそうだ。

私は現在、受験勉強法の通信教育である緑鐵受験指導ゼミナールというものを、東大生を約一六〇人ほど雇って主宰しているが、受講生の中でも学校の勉強と両立しないという悩みを訴える生徒は多い。学校の宿題が多すぎるとか、教師がうるさくて、こちらの指定した宿題ができないというのだ。

こちらとしては、志望校や本人の学力に合わせた宿題を出しているつもりだし、少なくとも、今学校の指定する宿題をすることで受験学力が上がっていないのだから、そっちを放っておいても、こちらの勉強をやってほしいのだが、なかなかその割り切りができない。

結果的に、上手に割り切れた受講生の多くは志望校の合格を果たすのに、元の学力が高かったり、まじめな生徒であるのに、学校の勉強にこだわりすぎる生徒の合格実績は芳しいものといえない。

最近、受験勉強で鍛えられる頭のよさの最たるものとは、このような、今自分が何をなすべきかの判断であったり、学校のお仕着せでない自分の勉強をできるようになることなのではないかと思うようになってきた。

確かに学校の言われるままに授業を聞き、宿題をこなすことで学力が上がる子供は少なくないだろう。その学力によって、そのまま一流と呼ばれる大学に合格することもあるだろう。しかし、そういう生徒と比べて、自分の能力特性を分析、検討し、また志望校の入試問題を分析、検討して自分のやるべき勉強を割り出し、合計点で合格最低点を稼いで合格する人間とでは、どちらが社会に出て成功できる確率が高いかを考えると、後者のように思えてならないのだ。

この二人が同じ大学に入ったとして、前者のほうは志望校対策もせずに学校の勉強をきちんとやっただけで合格したのだから、英語にせよ数学にせよ、科目単位での基礎学力は高いだろう。後者のほうは持てる能力を最大限に活かせるように勉強メニューを決め、出そうなところを中心に勉強したり、出ない科目を捨てて時間を作ることでやっとこ合格できたのかもしれない。

しかし、大学に入ってから、特に社会に出てからについて言えば、高校までに習った内容の成績のよさが、そのまま成功を保証しない。むしろ前述のような与えられた課題を分析し、その対策を検討する能力や、自分の能力特性を見極めた上で、課題を解決する能力のほうが求められるはずだ。

バカかリコウかというのは、元の能力とかいわゆる〝地頭〟のよさで判断されるものではない。それをどのように利用する能力を身につけるかによって結果が大きく違ってくるし、その結果のよしあしで判断されるのだ。

私の結論を先に言わせてもらうと、学校で詰め込み教育をすること自体は、子供をバカにするわけではない。そうではなくて、勉強のやり方まで型にはめようとしたり、学校のやり方や学校で習った内容に疑いを許さなかったり、いわゆる愚直に従う生徒を高く評価するシステムが、勉強はできるバカを作るのである。もちろん面従腹背ができるような子は見込みがあるのだろうが、そうでない子は、勉強はできるが鈍臭い子、鈍臭い大人になってしまう。

私の見るところ、そもそも学校の教師に、この手の鈍臭い人間、要領の悪い人間が多い。有能な人間が意欲に燃えて教師になる場合も少なくないのだろうが、学校の成績はよく学力は高かったのに、愚直な勉強法ゆえ、いわゆる超名門大学に入れず、そこそこの大学の教育学部に心ならずも入ったという人も少なくないだろう。その愚直さに疑問をもたないまま、生徒にも同じことを押し付け、同じ轍を踏ませるとすれば、バカと言われても仕方ない。かくして教師をしっかり見極めなければ、バカがバカを生む再生産システムに引きずり込まれてしまうのである。

ただし、小中学校の間は、学校の言いなりになって、詰め込むべきものを詰め込むのも悪くない。基礎学力さえしっかりしていれば、高校生になってからでも、要領のよさは十分身につけることはできる。逆に小学生や中学生くらいの時期に、下手に要領のよさばかりに目がいって、基礎的な計算や読み書きの能力が身につかなければ、治らないとは言わないが、かなり治すのに手間取るバカ(世間一般で言われる知的機能が劣るという意味のバカ)になってしまう。しかし、愚直さだけを覚えるようなら、リコウさを身につけるよりバカになる危険性が高いことを付記しておきたい。

知識社会というパラダイム

さて、欧米先進国では、知識社会（knowledge society）という言葉が盛んに用いられている。一九九九年にドイツのケルンで行われた主要八カ国の首脳会談、いわゆるG8では、これからの社会は伝統的な工業化社会ではなくなり、知識社会が顕在化すると明言され、教育と生涯学習の重要性が明記された「ケルン憲章—生涯学習の目的と希望」というものが発表された。

知識社会という言葉を初めて使ったのは、おそらく先ごろ亡くなった世界的な経営学者のピーター・ドラッカーであろう。

ドラッカーは、一九六〇年代にはこの知識社会の到来を予測したのだが、当初は知識労働者が社会の主役になるという程度の発想だった。しかし、最終的には知識が最大の生産手段になるとまで言い切っている。

知識労働者というのも当初は、医者や弁護士、公認会計士などのような、知的資格をもつ人という意味合いであったが、最終的には自らの知識で富を生む人という意味合いで、単に使われる人であるサービス労働者と対比して用いられるようになった。

知識社会においては、バカはリコウの知識労働者によって使われる存在であり、バカのやる仕事は外国人労働者やロボットによって代替可能なので、その労働力は安く買い叩かれる。

九九年のケルン憲章を受けて、世界中で教育問題を討議しようということになり、史上初のG8教育大臣会合というものが開かれた。主要八カ国の教育大臣、文部大臣が一堂に会してこれからの教育問題を話し合ったのである。

その会合を受けてまとめられた議長サマリーはきわめてシビアな内容だった。曰く、

「知識社会は重要な機会を提供すると同時に、現実的な危機をもたらすものである。(中略)労働市場で求められる技能レベルは高く、すべての社会は教育レベルの向上という課題に直面している。高い技能レベルを身につけ維持できる者は社会的にも経済的にも大成功を収めることができるが、そうでない者は安定した職業及び、その職業によって得るべき社会的・文化的生活活動に必要な収入を得る見通しも立たない状態で、かつてない疎外の危険に直面している」。

知識社会の落ちこぼれは、まともな収入が得られないと断言されているのである。

さて、知識社会ということばを考える上で、ドラッカーの言うような知的レベルが高く、自らの力で富が生めるという意味と、もう一つのパラダイムがあると私は考えている。そ

れは、情報化社会のアンチテーゼとしての知識社会である。ここで知識と情報の違いを定義しておきたいが、要するに情報は頭の外にあり、知識は頭の中に入っている状態と考えてほしい。

情報化社会と言われた時代には、衛星放送やケーブルテレビの普及に伴うテレビの多チャンネル化やさまざまな種類の雑誌の創刊など情報のソースが大幅に拡大した。そして多くの情報を制するものが世を制するように考えられていた。さらにインターネットの時代になると、情報を待っていなくても、あるいはわざわざ出向いていかなくても、自宅のコンピュータでネットに接続できる環境にあれば、世界中の情報が欲しいときにリアルタイムで取れる。

さらにコンピュータが小型化し、ノートサイズや手のひらサイズになったり、あるいは携帯電話がおおむねインターネット情報を受けられるようになると、自宅にいなくても、それどころかいつでも必要な情報が得られるようになった。ここで人類はある種の楽観をもつようになる。ＰＣや携帯電話を持ち歩けたら、世界中から情報を取れるし、辞書にもなる、電卓にもなる。それなら勉強などしなくてもいいじゃないかと。

しかし、それが実際に可能になると、まったくの逆であることがわかる。

たとえば私が『デリバティブの心理学』という本を書いてくれと頼まれたとする。私のほうも、この手の投資商品は、ある種の心理が働いているだろうと思って、ろくにデリバティブについて知らなくても安請け合いをするかもしれない。その背景にはネットで調べればいいやという安易さもあるだろう。PCを持ち歩いていれば旅先でも原稿が書けると。結果的にたとえばグーグルでデリバティブについて検索すると一四三万件（二〇〇六年九月現在）もヒットする。数年前なら三万件だったのに。

これらをいちいち読んでいたら、時間がいくらあっても足りない上、いい情報とくず情報の区別もつかない。おそらくはガセねたも入っているだろうが、その見分けもつかない。上位に来ているものが一般的には信頼できるだろうが、興味本位としか思えないものが上位に来ていることも多い。

これがデリバティブについてよくわかっている人であれば、その中で役立ちそうな情報や、新しい情報、自分が知らなかった情報だけを峻別して、さらにデリバティブに強い人間になるだろう。要するに、情報がいつでも、どこでも、いくらでも手に入る時代になると、誰もがリコウになるのではなく、バカとリコウの差がよけいにつくようになったのだ。知識社会というのはそういう社会なのである。

知識社会以前は、情報をいっぱいもっている人間や情報に速くアクセスできる人間がリコウとされ、重用されていた。読んでいようがいまいが、ほかの人のもっていないような外国の文献をもっているだけで学者面ができた。しかし、インターネットを通じて、いくらでも情報が、誰もが平等に手に入れられる時代になると、情報をもっているより、知識が頭の中にある人のほうが、情報をうまく利用できる。それが知識社会なのである。

リコウと言われたければ、勉強して頭に情報をたくさん詰め込んで知識にしないといけない、そんな時代である。そして知識もすぐ古くなるから、ずっと勉強し続けないといけない。だから生涯学習の重要性が強調されるのだ。

逆に情報通だということで満足していたり、知識のアップデイトを行っていないと簡単にバカになってしまう。

ある意味で要領のよさだけではリコウと言えない嫌な時代になったのかもしれない。

バカは悪循環する

ただ、そこまでハイレベルでなくても、たとえば一万人に一人のリコウにならなくても、どうにか勝ち組でいられるだろうし、バカと言われなくて済むのは確かだ。

悲観的なエコノミストの人でも一〇〇人に一人は勝ち組になれるというのだから、人が考えるほど勝ち組のハードルは高くない。

たとえば経済誌全体の実売部数は全部合わせても七〇万部程度と言われている。これを三人でまわし読みをするとしても、経済誌を読む人というのは約二〇〇万人である。世のビジネスマンが六〇〇〇万人と言われているから、それだけで三〇人に一人に入れるのである。

おそらくこの本にしても、一〇〇万部も売れることはまずないだろうから、これを読んでバカにならないような努力を実践するだけで、一〇〇人に一人の中には滑り込めることだろう。少なくともその手の努力をしない人や、バカが何たるかをわからない人や、努力の方法論をもたない人と比べると勝てるはずだと信じている。

ただ、むしろ心配なのは、私のような、とりあえず学歴の世界や、社会の中で成功者の部類に入っている人間の言うことなんて、どうせ自分には当てはまらないと思う人が多いのではないかということだ。

意外なように思われるかもしれないが、実は私にはその気持ちがわかる。

劣等生になったり、バカになってしまうと、リコウな要領のいいやり方ができずに、バカなやり方をやってしまって余計にバカになる「バカの悪循環」が起こるのだ。

実は私自身が学生時代にそれを痛いほど思い知らされた。

私は医学部時代、映画製作のためにバイトに明け暮れ、さらに自主映画で作った借金を返すために雑誌のライターや教育事業を始めたために、実習以外はほとんど講義に出なかった。そのため、ひどい劣等生だったのだが、持ち前の要領のよさで、友達が作ってくれた試験対策のプリントのみを勉強して、どうにか赤点を取らずに、確実に進級することができていた。

ここで、私に立ちはだかったのが国家試験である。これに合格しなければ医者になれない。しかし、肝心の勉強はろくにしていない。大学の試験のほうは、東大は研究熱心で教育にろくに力を入れていない教授が多かったので、毎年同じような問題を出してくれるおかげで試験対策のプリントだけで合格できるのだが、国家試験は広い知識を問われるのでそうはいかない。

そういう切羽詰まった気持ちから私は殊勝なことを考えた。大学六年生の秋に、それまでやっていたライターの仕事などから一切足を洗って、分厚い内科の教科書を最初のページから、一生懸命アンダーラインを引いて読み始めた。覚えなければいけないと思って、アンダーラインを引いたところを中心に二回も読んだ。一〇〇〇ページ以上ある教科書だったので、それは大変な苦労だった。

しかし、結論から言えば、結果にほとんど結びつかなかった。国家試験の過去問を試しにやってみたのだが、四割程度しかできないのである。しかも勉強をした内科についてである。この他に外科も小児科も産婦人科も公衆衛生も勉強しなければならない。その上にマイナーの科目まで。もう合格できるとはとても思えず、それまでは国家試験が年二回だったのが一回になったのを本気で恨んだものだった。

ところがどういうわけか、高校時代の同級生が国家試験の勉強会に誘ってくれた。彼は学年でもトップクラスの秀才だったので、とてもついていけるように思えず、辞退しようかとも思ったが、わらにもすがる思いでそれに参加することにした。

結果的にこれは正解だった。大学の成績がいかによくても国家試験の対策は別物という考え方で、徹底的に試験対策のノウハウで勉強をしていたのだ。要は過去問攻略である。

実は、こんな発想は私が高校生時代にすでにしていたことだった。我々灘高生は、東大合格のために偏差値をどれだけ上げようとか、模試の合格可能性を上げていこうという発想をもたずに、東大の過去問で、四科目の合計が合格最低点をクリアすればいいという受験勉強をやっていた。理Ⅲであれば四四〇点満点で二九〇点取れればいいと思っていた。そして、教科書や問題集を最初のページからしこしこ勉強して、出るところが絞れないで、時間ばかりかけて点数が取れない、前述の図書館で見かけたような鈍臭い勉強をしている連中をバカにしていた。

しかし、医師国家試験対策では、私がその鈍臭い勉強をしていたのである。

このときに、人間、劣等生になると勉強のやり方まで劣等生のやり方になってしまい、努力の割に成績が上がらないから、よけい勉強が嫌になったり、自己嫌悪に陥ったりするという悪循環があるのだと実感した。その上、勉強会に誘われたときも、六年間ちゃんと勉強してきている秀才と一緒にやったって無駄だと最初は思っていた。

もちろん、それ以来、自分がうまくいかないとき、できないときに、うまくいっている人の言うことに素直にしたがい、そのやり方をなるべくまねてみようと思えるようになった。素直でいても損はないし、いいと思われるやり方を試したところで時間と労力以外失うものはない。しかしうまくいった際に得られるものは大きい。

私の勉強法の本には批判が多いし、本書に書かれていることをやっても本当にリコウになれるのか疑問に感じる人も多いだろう。今の成績や能力が十分満足できる人であれば、それなりに自分に合ったやり方をしているのだろうから、私の本を読んだからといって無理に勉強法を変える必要はない。しかしうまくいっていないのなら、私のレベルになるという保証はできないが、今よりはよくなるはずだ。

バカの多くは能力や努力の問題以上に方法論の問題である。しかし、バカなときに限ってリコウのやり方など、自分にはとても無理と遠ざけてしまうのである。そしてバカから抜け出すチャンスを逸してしまう。

バカの悪循環を脱するには、バカのやり方を変えるしかないし、リコウのやり方を盗めば多くの場合、並の人よりはリコウになれる。

騙されたと思って——騙されることをプライドが許さず、人の話を素直に信じられないのもバカの一種である——、リコウのやり方を信じてみるのもバカ脱却の第一歩である。

第三章 認知科学から見たバカ

〝脳〟からバカを考える

これまでに何度も述べてきたように、バカというのが生まれつきのもの、つまり精神遅滞のようなものを含まないで、治せる状態のことを言うのであれば、それは脳のハードの問題ではなく、ソフトの問題と私は考えている。

いわゆる大脳生理学や脳そのものを研究する脳科学というのは、脳のハードを研究する学問と言ってよい。それに対して、脳（人工知能も含む）のソフト、つまり認知のメカニズムを研究する学問として、最近、もっとも注目されているのが、認知科学である。

日本では脳科学ブームが起こって、ゲームまでベストセラーになっているが、脳を若返らせたり、元気にしたりする以上に、本当の意味で仕事ができる、勉強ができるようになりたい、つまり社会での適応状態をよくしたいのであれば、むしろ認知科学の考え方を重視すべきであろう。

もちろん、脳科学の知見も使うべきは使ったほうがいい。睡眠時間が短ければ記憶力が落ちるとか、単純計算や音読をした後のほうが学習の効果が上がるという知見を使わない手はないし、それを知らなかったり、知っていても使わないとすれば、「バカ」である。

しかし、記憶力を上げたり、学習の効果を上げる脳科学の方法論を知っていたとしても、肝心の記憶のコンテンツが自分の仕事や勉強に役立つものでなかったり、学習の内容そのものがつまらないものであれば、脳科学だけではリコウになれない。ましてやゲームをやって脳年齢が上がっただとか、単純計算をやって記憶力が上がったとか言って喜んでいるだけ（つまり、その後しっかり勉強しないで、それに自己満足しているだけ）なら、それこそ「バカ」と言われても仕方がない。

そこで、脳科学を使うにせよ、使わないにせよ、脳のソフトを充実させていくために、認知科学の考え方をしっかり知ってもらおうと思うのである。こちらのほうが、自分に必要なソフトをどう入れていくのかに応用しやすいと私は信じるからだ。

さて、認知科学の中でもその代表とされている認知心理学の考え方は、基本的にはシンプルなものだ。要するに人間の脳を情報処理システムなのだと考えて、どのような情報処理系になっているかを仮定するものである。これはコンピュータ・サイエンスの発達で情報処理について、いろいろなことがわかってきた影響が大きい。実際、認知心理学という心理学が生まれたのは一九六〇年代であり、心理学の中では新しい分野と言える。

もちろん、実験によってある程度、その仮定の妥当さが検証されているものもあるが、脳の働きを画像化したり、伝達物質の量を測定したり——これにしても生きた脳の中で調べられることはごく僅かなのだが――できる脳科学と比べると、あくまでも仮定の域を出ないという弱点もたしかにある。しかし、バカについて考えるには、私にしてみればかなり役立つものだと思っている。

認知心理学が扱う領域は広く、知覚や記憶、外部刺激をどう脳に組み込んでいくかなど、いろいろ研究が進んでいるが、ここでは、世間で言うバカ、リコウに決定的な影響を与える思考力について取り上げたい。

要するに思考力や問題解決能力が高い人間をリコウ、そうでない人間をバカとした場合に、どういう状態がバカを生み、どういう状態だとリコウになれるのかを、認知心理学の立場から考えてみたい。

知識が足りないというバカ

さて思考の認知心理学の本邦における権威であり、認知心理学者として私がもっとも信頼する東京大学大学院教育学研究科の市川伸一先生によると、レベルの高い思考、つまり問題解決というのは、それまで頭の中にインプットしてきた知識を用いて、あれこれと推論することをいうのだという。

もちろん、問題解決にも、いろいろな種類がある。

今目の前にある算数や数学の問題を解くのも問題解決なら、何カ月か先の試験に受かるにはどうすればよいのかを考えるのもそうである。もっと卑近な例でいくと、現在一〇〇〇円しか残っていないが、それでどうやってやりくりしてあと三日過ごそうかというのも問題解決である。

この場合、認知心理学では、人間の脳が無から有を生むとは考えない。これまで身につけてきた知識を、引っ張り出して、あれこれ推論をして答えを導き出そうとする。

数学であれば、これまでやったことのある問題の解法パターンを思い出して、そのどれかに似ていないか、そのやり方が使えるか、それがだめならどのやり方を使おうかとシミュレーションするだろう。何カ月か先の試験という課題ならば、どの科目をどんな風に勉強しようとか、自分は記憶力が悪いから、理数の科目で点を取っていこうなどという風に考えるものだ。

売り上げを上げるなら、これまでの経験でどんな風に売り上げを上げてきたかとか、たとえば経済誌で読んだ成功例などを参照しながら、プランを考えていくことだろう。たとえば値下げをするでもいいし、キャンペーンガールを呼ぶでもいい。どれが今回、いちばんうまくいきそうなものかを、これまでに身につけた知識を総動員して、答えを出すのである。

ここで、ぱっとひらめくこともあるだろう。

しかし、それは無から有が生まれたのではない。それまで忘れていたことが突然思い出されたり、無意識のうちに自分の知識と知識が結びついて、新たなアイディアが生まれたからひらめいたように感じるのだ。脳の中に入っていないものを使って考えることはできないはずだというのが認知心理学の考えなのである。

ついでに言うと、知識というのは、学校で習うようなブッキッシュなものばかりを言うのではない。たとえば包丁の使い方や、調理法などというのも、すべて知識ということになる。

たとえば三日で一〇〇〇円という問題の場合、毎日定食屋で五〇〇円のランチを食べるという知識しかない人にとっては、解決法を考えるにしても、一日目を飲まず食わずにするか、二日目を飲まず食わずにするか、三日目をその日にあてるかくらいしか思考のパターンは広がらない。

しかし、八〇円のバーガーとか、三五〇円の豚丼屋があるという知識があれば、解決法のバリエーションはどんどん広がる。さらに調理法という知識をもっている人にとっては、材料費に一〇〇〇円使えるのであるから、相当解決のバリエーションが広がる。

このように知識というのは、経験で身につけたものも含めて、あるいは技術的なものも含めて、多ければ多いに越したことはないし、解決法のバリエーションが広がるのである。つまり、認知心理学の考え方でいくと、知識が少ない人間はやはりバカということになるし、知識が多いことはリコウの必要条件ということになる。

自分の勉強や仕事がうまくいかないとき、つまりバカ状態になっている際に、自分の知識が十分に足りているかどうかのチェックはまず行うべきだ。

たとえば数学ができないというときに、多くの場合、数学的な能力が先天的に欠けているというより、数学の解法パターンにまつわる知識が足りないことが多い。旅人算をやったことがない人間が旅人算を解くのは意外に難しい。小学校レベルの問題でも知識がないと案外解けないものだ。しかし、知識が十分にあれば藤原正彦先生が言うようにニュートンが解けなかった問題を、鼻をほじりながらあっという間に解くことができるのである。

バカということが無知を指す（これは広辞苑の発想だが）のなら、知識不足はバカの第一歩と言ってよい。最近、詰め込み教育が批判され、頭のよしあしは知識でないようなことを言う人は少なくない。確かに知識が豊富なだけのダメな人はいないわけではない。しかし、知識が少ないのにリコウのレベルに達する人は極めてまれだ。まさにそういう人こそ天才なのだろうが、自分の素質も考えずに、天才と同じやり方でリコウになろうとする人は、まさにバカなのである。

知識はあっても推論のできないバカ

知識が豊富なのにバカという場合、よく言われるのは考えない奴である。

知識の多い人間は考えない、知識だけで答えを出そうとする、だから詰め込み教育はいけないとよく言われたものだ。

確かに、知識だけで答えを出そうとする人はいる。

たとえば、私が討論番組に出る際に、ときに心理学をかじっているから、専門外の立場から発言させてもらえることもある。心理学の立場から、たとえば景気をよくするには、消費心理を刺激するにはどうしたらよいかというような発言をするとしよう。

それについて、経済の専門家と称する人たちは、「そのことについては、〜〜年に〇〇という有名な経済学者が××と言っているのですよ。そんなことも知らないで、この番組に出ているのですか?」とか、「〜は世界の趨勢なのですよ。それはご存じないのですか？」などとバカにしたような言い方をする。

相手にしてみれば、知識がないので、私のことをバカと思っているのだろうし、私自身も前述のように知識不足はバカの定義に当てはまるとは思っている。

しかしながら、彼の答えは自分の知識をひけらかしただけで、彼の考えは何も入っていない。経済学者であれ、心理学者であれ、いくらたくさん理論を知っていたとしても、人間というものは、その通りに当てはまるものではないということを知らなければ、残念ながらバカと言われても仕方がない。実際、経済学の理論通りにいくのなら、日本の景気はとっくに回復していなければおかしい（私は今だって景気回復を疑っている。株価は上がっても、地方では景気回復の声をほとんど聞かないし、経済成長率だって、そんなに高くないのだから）。

たくさんの経済理論や心理理論を知っていれば、いろいろな推論や仮説は立てられるだろう。しかし、それはあくまで仮説である。それが、たとえば日本人に当てはまるかどうかが検証されていないのであれば、少なくとも自明のこととは言えない。

もちろん、ある程度検証されている理論を知らないのは、とくにその職業に就く人間にとってみれば無知であるし、バカと言われるべきものである。

たとえば、乳がんの患者さんに、もうある程度の大きさですからとか言って、おっぱいを全部取るような治療をいまだに勧める外科医がいたとしよう。しかし、これについては、多くの場合、必要なところだけを取って、後で放射線を当てるのと、昔のように大きく切り取るのでは、五年生存率に差がないことが、いくつもの長期フォローアップ調査でわかっている。これをプロでありながら知らないのは、やはりバカ医者である。

しかし、心理学や経済学の理論は、それがフロイトの言ったことであれ、フリードマンの言ったことであれ、ほとんどがきちんとしたフォローアップ調査をされたものではない。ましてや日本人にあてはまるかどうかのフォローアップ調査は皆無である。あくまでも仮説にすぎないのだ（そういう定義がされていても定義の上では仮説だが）。

だから、いろいろな理論を知っていても、そのどれが現状にいちばん当てはまりやすいのかとか、アメリカ人と日本人の消費性向や国民性やパーソナリティの違いを考えて、多少は理論をアレンジしないと、「そんなことも知らないのか」とは言えないし、少なくとも私が言った仮説を否定することはできない。

確かに学生時代、とくに小学校や中学校の時代であれば、知識だけで答えられる問題も多いだろう。しかし、大人になってから知識だけで、それをアレンジしないで答えを出してお金を稼げるとすれば、クイズ番組くらいのものである。

たとえば、売り上げを上げるという問題解決においても、「安くすればいい」「ショールームにキャンペーンガールを呼べばいい」「セールスの回数を増やそう」などと知識だけで答えが出ないわけではないが、それを組み合わせたり、アレンジできる人間のほうが、よりよい答えが出せる。ただ単に値下げをするだけでなく、値下げとショールームのイベントを組み合わせるといったことを発案したほうが、気が利いているし、何より本当に売り上げが上がる（単なる値下げと差別化できるので）だろう。

あるいは、値下げの仕方にしても、一〇〇人に一人タダというやり方にして、一％値下げするよりもインパクトを出すというアレンジも有効だ（ある程度以上、大きな売り上げの店の場合、コストが同じであるという計算ができないなら、ちょっと数字に弱すぎるバカかもしれないから要注意）。

要するに、自分のもっている知識をあれこれ当てはめてみたり、組み合わせてみたり、加工してみたりできるかどうかが、単なる物知りか、リコウかを決めるのである。

この作業を認知心理学では推論というのだが、推論ができない人、考えない人は、確かに知識が豊富でもバカと言われることになる。

メタ認知（自己チェック）が働かないバカ

さて、認知心理学の考え方では、知識が豊富で、推論が妥当であったり、その幅が広いことで、いろいろな形で問題解決を適切にできる人が、リコウということになり、その逆に知識がろくにない人、ちゃんと推論をしない人はバカだということをこれまでお話ししてきたわけだが、これはあくまでコンピュータをモデルに情報処理を研究してきた結果の見解である。

しかし、認知心理学がコンピュータ・サイエンスと違う点は、人間はコンピュータと違って余計な心理が働くという点を考慮に入れているということがある。

つまり、コンピュータであれば、同じ情報をインプットして、同じ演算ソフトがインストールされていれば、同じ問題には、常に同じ答えを出すだろう。

しかし、人間は実はそうはいかない。

かなり頭のいい人間でも、感情が推論に大きな影響を与える。精神医学の立場から言わせてもらうと、気分がハイなときには、楽観的な推論を行いやすいし、気分が落ち込んでいるとき、うつ状態のときには、悲観的になりがちである。だから、同じ人間とは思えないほど、気分によって、考え方や判断が違ってしまうということが往々にして生じるのだ。

周囲や権威者の意見に弱いということもある。

周囲が賛成していると、反対しにくいという以上に、その意見がなんとなく正しいもののように感じられてしまうという心理は、知らないうちに働くものだ。とくに、その道の権威の人が言っていると、なんとなくしっくりこなくても、そっちが正しく感じることは珍しくないだろう。

また、これまで身につけてきた知識に囚われ過ぎて、時と場合に応じた柔軟な推論ができない人もいるだろう。ベテランのセールスマンが、消費者の気質や嗜好が変わってきたのに、これまで通りの売り方をするとすれば、これまたこれまでのセールスのノウハウという知識に縛られていることになる。

前述の推論ができないケースとは多少違うかもしれないが、知識が邪魔をしてバカという場合は、こういう可能性もあるわけだ。要するに、自分の推論が、いろいろなものに影響されていないかをチェックしないと、より妥当な推論ができないのだ。

あるいは、知識についても同じことである。

知識が偏っていたり、知識が足りないのに、問題を解決しようとしても、答えが出なかったり、よりよい解決策が出ないのは当然のことである。

知識の偏りというのは、たとえば中東情勢の解決などについても、アメリカサイドからの情報しか知らないで、イスラームの論理も勉強せずに答えを出そうとするといったことだ。北朝鮮問題で、北から逃げてきたような人や韓国の「北朝鮮通」の情報だけで外交方針を決めるだとかいうのは、知識が豊富でもやはり偏った知識ということになるだろう。もちろん、彼らの情報が誤っていると言っているわけではない、ただほかの角度からの情報も取らないのは偏っていると言いたいのだ。

思考や問題解決において、知識が足りなかったり、偏っていたら、推論能力の高いリコウな人でも、いい解答は出せまい。知識の偏りがないか、知識が足りているかをつねにチェックする必要がある。

ここで登場する概念が「メタ認知」である。

メタ認知とは、認知にメタという「上位の」といった意味の接頭語をつけたもので、上から自分の認知を認知する作業といってよい。自分の認知、つまり知識や推論を認知するからメタ認知と呼ばれるのである。

実際、ある程度以上複雑な問題に出会ったときに、リコウな人間であれば、それをいきなり解決しようとしないものだ。自分がその問題を解くための知識をどの程度もっているかとか、自分がどのような推論のパターンを取りやすいかなどをモニターしたり、評価したりするものだ。

要するに、自分の知識状態（知識が足りているか、知識が偏っていないか）、自分の推論（感情や周囲の意見に振り回されていないか、自分の都合のいい推論をしていないか）、自分の認知や能力の特性（自分はどういう分野の問題解決は得意で、どういうものは苦手か）などを、問題解決の際に一歩立ち止まってチェックする人が、メタ認知が働く人と言われるのだ。

認知心理学の考え方では、このような自己チェックができる人、つまりメタ認知が働く人がリコウであり、それをやらないでいきなり問題解決に入るような人はバカということになる。

スキーマ（思い込み）に縛られるバカ

さて、実はこのメタ認知については、ほうぼうで書いてきたこともあって、どうやったらメタ認知力がつくのかとか、どうやったらメタ認知が働くようになるのかと問われることが多い。

一つには、メタ認知的な働きかけをしてもらう経験が多いほうがいいという考え方がある。たとえば、問題を解くにしても、「ちゃんとやり方をいろいろ知っているの？」という風にメタ認知を促すような親や教師が周囲にいると、知らず知らずのうちに、自分もやるようになるということだ。ディスカッションをするにしても、双方が言い分をぶつけるのでなく、「俺たちは商品知識が十分な上で話しているのだろうか？」「そんなに北朝鮮のことを知っていると言えるのか？」といったメタ認知的な対応を、ときにはさむようにすると双方の発展が促されるという。

学者によっては、この手のメタ認知は能力というより態度の問題だという。普段から、「これで大丈夫か？」とか「知識は本当に足りているのかな？」というようなメタ認知的な自問自答の習慣をつけている人がメタ認知の働く人ということになる。要するに、バカにせずに、あるいは面倒がらずにこういうことをやる態度がバカかリコウかを決めるというわけだ。

もう一つ、よいメタ認知を行うにあたって、とくに推論を柔軟にするために知っておいてほしいものに「スキーマ」というものがある。このスキーマは、「かなり複雑で一般的概念についての知識構造（知識の枠組み）」と定義されている。何のことを言っているかわかりにくいので、ちょっと例を出して考えてみよう。

たとえば、足が六本ある小さな生物を見ると、それを見るのは初めてでも昆虫だとわかる。ある空間の中で膝くらいの高さの平面があって、脚が四本ついていれば、それが相当奇抜な形をしていて、材質もアルミニウムだったりしても、おそらく椅子だろうなと判断するだろう。私たちは昆虫や椅子を一くくりにまとめる知識の枠組みをもっているから、それほど迷ったり、考え込んだりすることなく、出会うものを認識できるし、判断することができる。

このようにこれまでの学習や人生経験で、こうしたスキーマというものを作って、それによって推論を省略して、日常生活や問題解決のスピードアップを可能にしている。ちょっと変わった形の椅子を見たからといって、これは何かとあれこれ考えて時間を浪費しているようだと、人生やっていけないバカ（もちろん、ときにそういう悩みも必要なのかもしれないが）だということは納得してもらえるだろう。

しかし、その代わりに、スキーマは思考をワンパターンにするという特性もある。

たとえば、「IT時代には、ハードよりソフトが重要」というのが、あるマーケッティング・コンサルタントの口癖であったとして、それがスキーマになっている場合は、他の考えが浮かばない。たとえばインターネットの端末がパソコンから携帯に変わっていくという風にハードを変えることで事態が変わることが想定できないかもしれないし、ハードの開発のほうに乗り遅れるかもしれない。日本がIT分野でアメリカに勝負を挑むとすれば、得意分野であるハードで勝負したほうが有利という発想が出てこなければ、マイクロソフトに基本OSを握られている以上、勝ち目がないという諦めしか出てこないかもしれない。

要するに、スキーマというのは、それが正しかろうが、正しくなかろうが、先の例で言えば、「IT時代には、ハードよりソフトが重要」というのが正しくないと言いたいのではなく、他の可能性を考えにくくしてしまうことに問題があるのだ。

実際、認知心理学者の研究では、いったんこのスキーマができてしまうと、それがその後の情報処理や思考に大きな影響を与える。一般原則としては、そのスキーマが正しいと信じるように働いてしまうのだ。

ロヨラ大学心理学科のユージン・ゼックミスタとジェームズ・ジョンソンによると、スキーマを作った後の人間の情報処理は以下のように変わる。たとえば、ある人が「血液型がA型の人はまじめで几帳面」というスキーマをもったとして説明してみよう。

まず第一に、スキーマと一致しない情報より、一致する情報に注意が払われるようになる。たとえば、血液型がA型で時間に几帳面だが、整理整頓はルーズな人がいれば、時間に几帳面な側面にばかり目がいって、整理整頓のルーズさを無視してしまう。その人と待ち合わせをしていて、時間通りに来ると「やはりA型の人は几帳面だ」ということになってしまうのだ。

第二に、スキーマと一致しない情報を受け入れにくくなる。その人の机の上がごった返していても、「A型にしては例外」「一時的なものだろう」「頭の中での整理はできていて何がどこにあるのかは把握しているはずだ」と自分のスキーマが間違っている可能性を考えずに、その情報を否定する方向で考えてしまう。

第三に、スキーマと一致する情報のほうが一致しない情報より憶えやすくなる。その人についての記憶としては、待ち合わせの時間通りに来たことは記憶に残るのだが、机の上がごった返しているのは忘れてしまいがちになる。

第四に、スキーマと一致するように記憶を歪ませることもある。そのごった返した机の上の書類の中で茶色い大きな手帳のようなものを見たとすると、勝手にシステム手帳がおいてあったと記憶してしまうことがあるのだ。そうなってしまうと、その記憶は疑えなくなる。「いつもシステム手帳を使うのは、やはりA型ね」ということになってしまうのだ。仮に、その人が「システム手帳なんか使ったことがない」と答えても、自分の見間違い、覚え間違いとは考えずに、「あのとき机の上においてあったじゃないの」と問い返すかもしれない。

重ねて言うが、スキーマを作るのは人間の情報処理能力を高めるために当たり前に生じる適応現象であり、スキーマそのものが悪いのではない。むしろ、人生経験や学習経験でいろいろなことに対してスキーマをきちんと作っておかないと、判断がてきぱきとしないトロい奴ということになってバカの烙印を押されることとだろう。

しかし、スキーマに縛られて、新しいアイディアが出ないというのも、やはりバカ扱いを受けることになる。これまでのように上から言われた仕事をこなしていけば、そこそこ給料ももらえて終身雇用も保証されていた時代はいいが、自分からアイディアの出せる人間、課題を作れる人間が勝ち組になる知識社会ではそうはいかない。

ある程度以上、複雑な問題解決に際して、あるいは、いいアイディアが出ないときには、スキーマに囚われないようにするのが大切であるし、自分のスキーマに囚われていないかの自問が大切だと言いたいのだ。そして、その際に、自分にはどんなスキーマ、どんな決めつけがあるのかを振り返ってみるべきだ。

このスキーマにまつわるメタ認知的な自問ができるだけで、発想がかなり広がるリコウになれることだろう。

都合の悪い推論はしにくい

先ほどもちょっと触れたことだが、人間というのは、立場によっても推論や知識状態が歪む生き物である。要するに、自分の立場に都合のよい推論しかできなくなるし、都合のいい情報収集しかできなくなるのだ。

たとえば、社会心理学のよく知られた実験では、同じくらいの知的レベルの人に、「日本人でタバコが好きな人はどのくらいの割合でいるか」を大まかに推量させる。すると、自分がタバコを吸う人は多めのパーセンテージを見積もり、吸わない人は少なめのパーセンテージで答えるという。タバコを吸う人は、本当はみんなもタバコが好きなのだと思いがちだし、吸わない人はあんなに体に悪いものが好きな人は多いはずがないと考えがちだ。

要するに自分の立場によって、推論が狂ってしまうのである。

実際に、立場は知識にも影響を与える。つまり、推論の材料である知識を集める段階で、つい自分の期待や心情に沿う情報ばかりを収集し、そうでない情報を直視しようとしないことになるからだ。

たとえば、増税論議にしても、今は消費税を増税するという話ばかりで、以前のような累進課税に戻そうという話はついぞ出てこない。

これにしても、世界の税制の趨勢が直接税を減らして間接税を増やしているとか、直接税を増やすと外国からの投資や資金がこなくなるというような話ばかりが判断材料にされるが、直接税が異常に高い北欧諸国が世界経済フォーラムの国際競争力ランキングで上位五カ国のうち三カ国を占めていることや、イギリスのエコノミスト誌によるビジネス環境ランキング（ビジネスをやりやすいと企業が考える国の順位）で一位になったのは、直接税がOECDの中でいちばん高いデンマークであるということは判断材料にされない。

なぜ、間接税を上げようという判断を政治家もマスコミもしてしまうのだろうか？

要するに、そのほうが直接税を上げられるより都合のいい人が考えるからではないのだろうか？　つまり、政治家もマスコミ（とくにテレビのキャスターをやっている人）も、識者や文化人とされる人も、みんな高額所得者であるために、累進課税を以前のように厳しくされたり、直接税のほうを増税されるほうが都合の悪い人たちだから、推論が偏ってしまっていると私には思える。

このように人間は自分に都合の悪い推論ができないというのは、じつはわざとやっているのではない、知らず知らずのうちにやってしまっているのだというのが問題なのだ。わざとやって庶民を騙しているのなら、悪い意味でリコウなのだが、自分でよかれと思って日本の国際競争力を落としているならバカと言うべきだろう。

これを説明する理論にレオン・フェスティンガーという心理学者の提唱した認知的不協和という理論がある。

要するに自分の現在もっている認知と方向性があっている認知については受け入れやすいが、その逆の認知を受け入れることを減らすことで不協和を低減するように認知や推論は方向付けられるという考え方だ。

たとえば、「自分はタバコを吸う」という認知のある人にとって、「世の中には実はタバコ好きな人が多い」とか「タバコを吸うとやせる」というのは方向性があっているので受け入れやすいし、記憶にも残りやすい。逆に「タバコを吸うと嫌がられる」とか「タバコを吸うと動脈硬化になりやすい」というのは不協和の関係になるので、その方向の認知は低減される。

この認知的不協和の代表例とされるのが、いわゆる宗教のイニシエーション効果と言われるものだ。

ある宗教に入る際の入信儀式（イニシエーション）のハードルが高い、たとえば難行苦行を積まないといけないとか、大量の寄進をするだとか、性的な屈辱に耐えるというような場合、入信後に、その宗教がインチキだとマスコミに叩かれたり、風評がたったとしても、その通りだとはなかなか認めようとしない。自分のこれまでの苦労や寄付が何だったのかということに直面したり、あるいは自分がおろかであることを認めることになるからだ。逆に教祖に、「あれはしもじもの者が僻んで攻撃しているのだ」と言われると、そちらを信じて、更なる寄進を重ねたりするというものだ。イニシエーションのハードルが高いほど、認知的不協和が大きくなるので、よりインチキを認めたがらないというわけだ。

しかし、自分に都合のいい情報ばかりを受け入れたり、そのような推論をすると、結果的には無理な投資をしたり、甘い見込みで受験勉強や事業を行うことになり、失敗の可能性が高くなる。

今ある情報や自分の推論が自分の得になるような場合は、まゆにつばをつけ、ほかの可能性も考えてみるのがリコウへの道であり、それができなければバカということになるのは覚悟したほうがいい。

メタ認知から自己改造へ

さて何のためにメタ認知を働かせるのかという場合、自分を知るためというだけでは、実は正解ではない。というか、何のために自分を知るのかを考えられないようではバカと言われても仕方がない。

たとえば、自分の判断や推論が感情に流されやすいことがわかっている人がいるとして、「俺ってお天気屋だから」と開き直っているようなら、メタ認知は働いているかもしれないが、リコウどころかバカと言ってよい。

最近の認知心理学の考え方では、「自分の知識状態や推論状態、あるいは人間というのがどのような知識パターンや推論パターンをもちがちであるかという、人一般の認知について知っている」というようなメタ認知のことは、メタ認知的知識と呼んでいる。それに対して、そのメタ認知的な知識を用いて、自分がそれに当てはまっていないかをモニタリングし、それに従って自分の認知パターンを修正していく、つまり自己改造していくことをメタ認知的な活動と呼び、こちらのほうが人間の頭のよさを規定すると考えられている。

要するに、自分はケアレスミスが多いとか、人間というものの推論は感情によって変わりやすいなどということを知っているのなら、自分が今その状態になっていないかをまずモニタリングする。その上で、直せるのなら直していくという自己の認知状態のコントロールを行えるなら、自分の知識や推論がどんどんソフィスティケートされていく。

たとえば模擬試験を受けるような場合でも、メタ認知的な活動を心がける人なら、自分の順位や偏差値のようなものだけを気にするのではなく、どういうミスが多いのか、どこの理解が足りていないのかをチェックして、次はそこを直していこうという形で、これからの受験勉強の課題を作っていけるだろう。

自分を知ることで、自分を常に賢くできる人というのが認知心理学の考えでは真のリコウと言える。今いくら知識が豊富で、推論が幅広くとも、その後、自己改造を続けていけるようでないと、それこそ白楽天が馬家と呼んだ人と同じことになってしまう。

第四章　精神医学と心理学から見たバカ

心の病とバカの関係

本書の冒頭から、何度となく先天的な脳の問題や心の病をバカと言うべきではないと繰り返してきた。そんなことを言いながら、精神医学から見たバカとは何だと突っ込まれるかもしれない。

たとえば、一般の人から見て、うつ病や統合失調症は、確かにバカと呼ぶのはしっくりこないとわかってもらえるとして、どんな心の病をバカと思うだろうか？

たとえば、自分はすでに標準体重からすると八五％を切っているのに、やせていると思えず、さらにダイエットに走る神経性無食欲症と呼ばれる心の病は、確かにバカと言いたくなるだろう。これは、精神科医が説得しても、なかなか考え方を変えさせることができない病でもある。現実にやせ過ぎと言えるモデルを理想化させる価値観をたれ流す人たちがいるので、そういう連中を成敗しないと、彼女たちにとても「バカ、やめろ」と言えない。だから、あえてバカとは呼ばない。

中村うさぎさんで話題になった買い物依存などのさまざまな依存症や、ミラーマン（最近は、サワリーマン）元教授のような病的な性癖の持ち主も、自己コントロールが利かず、結果的に自らが大きな損失を蒙るので、バカと言っていい状態と言えるし、本人も「バカなこととわかっていて、やめられない」ということが多い。

バカとわかっているのに、やめられないというのは、意外に心の病としての、治療の難易度が高い。世間では本人の心がけの問題で、簡単に治るように思われているから、中村さんやミラーマン氏のことを「あいつ、本当にバカだな」と思う人も少なくないだろうが、本人だってバカなことだとわかっているし、実は意外に重い病だと知ってほしいので、これもバカと呼ぶのをやめる。

引きこもりや、ニートの人たちはバカと言っていいのではないかと考える人もいるだろう。確かに、これらの人の中には、ちょっと考え方を変えてもらえば治るような人も少なくないようだ。しかし、一方で実際は統合失調症の初期や、うつ病、ある種の発達障害、あるいはちょっと重めのパーソナリティ障害の人も含まれているので、これも一括りにバカとは言えない。バカと言ってやりたい奴がまじっているというレベルだ。

そういうわけで、前にも述べたように、先天的な脳の障害がはっきりせず、薬より、自分の心がけ次第で、ものの見方や考え方を変えると治ったりよくなったりする状態で、そしてそれがあるために、自分の本来の能力が発揮できず不適応になっているというようなことがあれば、バカと呼ぶことにしたい。

たとえば人間というのは誰でも不安になる。しかしある人はその不安の内容――たとえば人前に出ると顔が赤くなること――が気になって仕方がなくなる人と、不安なのは仕方がないから、とりあえずアポイントだけは守ろうとする人がいるとしよう。

顔が赤いことを気にし始めると、よけいにそこに意識が集中してさらに赤いような気になってくる、感覚も鋭敏になって毛細血管が広がっていくのが強く意識されてしまうというようなことが起こる。それによってさらに不安が強くなる。

これが注意と不安の悪循環と言われるものだ。

不安になることそのものはバカなことでなく、誰にでもあることだが、悪循環になるかどうかは本人の対応しだいである。本人が苦しんでいるのにバカと言うのは非道のように思われるかもしれないが、やはり「バカなことはやめなさいよ」とか「バカなことばかり心配しているのじゃないよ」と言いたくなる。

こういう状況を精神医学から見たバカと私はあえて呼びたい。

ただし、レイプや集団リンチのようなひどいトラウマがある場合は、それが気になって仕方がないとか、突然不安になるとか、突然そのシーンが頭の中に鮮明に蘇ってくることに対して、考え方を変えろとは軽々に言えることではない。そのため、多少の悪循環が起こっていても、考え方を変えろと言う前に共感的に接するのが大切だと考えるので、バカと呼ぶようなことはしない。

そこで、私が、ここで治してほしいバカとして取り上げたいのは、ちょっとした不安や頭痛のような症状があるとそれに囚われてしまい、不安の悪循環に陥りやすいタイプの人（これを神経質性格だとか、ヒポコンドリー〈心気症〉基調と森田療法では呼んでいる）、前にも取り上げた二分割思考のように、うつ病になりやすく、うつになると治りにくい思考パターンの持ち主の人などである。

そして、性格の偏りのために、自分本来の能力を発揮することが困難で、社会的不適応に陥りやすいパーソナリティ障害と言われる中で、比較的、カウンセリングなどで治療が可能とされるボーダーライン・パーソナリティ障害の人たちと、自己愛性パーソナリティ障害の人たちを、バカと呼ぶことにし、それについての考察をしていきたい。

神経症になりやすいバカと森田療法

二十世紀の前半、心の病の多くが不治のものであり、まだ有効な薬もなかった時代に、それにチャレンジし、その治療法を確立していった偉人が何人か出現した。

その代表とされるのが、精神分析の祖、ジグムント・フロイトである。

フロイトは人間には無意識の世界があり、そこにさまざまな心の病の源泉があると考えた。そして、夢や自由連想を利用しながら、患者の無意識の世界を理解し、それをわからせることで、病んだ心を治していくという精神分析という治療モデルを確立していった。

フロイトは一九世紀末から二〇世紀の初頭にこの治療法を確立していくのだが、それより多少遅れて一九二〇年代に、やはり現在でも通用し、国際的にも認められている神経症の治療技法を開発した日本人がいた。東京慈恵会医科大学の初代精神科教授の森田正馬《まさたけ》氏である。

実際、一回一時間近くかけ、国際基準でいくと週に四、五回の面接を必要とし、二年以上の治療期間を必要とする精神分析治療と比べて、森田療法と呼ばれるこの治療法は、たった一回の面接で神経症が治ったり、遠隔地の患者さんを手紙のやりとりで治したりということも行っていたので、森田は当時、世界でもっとも多くの神経症、いわゆるノイローゼの患者さんを治したと推定されている。

さて、ここで森田療法を取り上げたのは、この森田自身が、自分のバカ（本人はそうは言っていないが、本書の趣旨からあえてこう言わせてもらう）に気づき、心のバカ状態を治す方法として森田療法を生み出したと考えられるからだ。

森田正馬は、旧制の第五高等学校から東京帝国大学の医学部に進むような秀才だったが、心の点ではバカと言ってよい状態が続いていた。小さいころから神経質で、かなり年長になるまで夜尿に苦しんでおり、旧制中学に入った頃には心臓の動悸に苦しみ、中学校の卒業に八年もかけている。

さて、自分のバカに気づくのは、二五歳で東京帝国大学の医学部に進学したときである。もともと父親は虚弱体質の森田が大学に行くのは反対だったそうだが、時折仕送りが遅れることがあったようだ。

本人にしてみれば、これは死活問題である。当時は保険もなかったから、医者にかかり、薬をもらうのは相当のお金が必要であったし、病弱だからバイトもできない。

そこで森田は、やけを起こして、猛勉強に取り組んだという。その際に薬も飲まなかったのだ。要するに死んでもいいと思って勉強した。優等生になって、親が金を送らないで死ねば、親が後悔するに違いないと考えたからだったようだ。

これで森田は進級も危ういような劣等生だったのが、一一九人中二五番という好成績を修めるのだが、それ以上に、心臓の苦しいのが治るのを自覚する。要するにこれまで、心臓のことを気にしていたから、そのためによけいに心臓が苦しくなったのだと体得するわけである。確かに歯が痛いときに、それを気にするとよけいに歯が痛くなる。ところが、映画とか勉強などに熱中していると、いつのまにか歯が痛いのを忘れる体験をする。そして歯が痛いのが治まるのである。

要するに森田に言わせると、歯が痛いだの、顔が赤いだの、人に会うのが怖いだの、症状や不安が出ることそのものはバカなことではない。そうではなくて、それに注意が向いてしまって、よけいに症状や不安が強くなる悪循環（これを森田療法では「とらわれ」と呼ぶ）が生じるのがバカのパターンなのだ。そのバカを治していく、つまり、つまらないことにこだわるのを治して、自然に楽に生きられるようにするというのが基本的な考え方である。

さて、森田療法の考え方で面白いのは、森田自身がそうだったように、いわゆるリコウな人がバカになるということである。

神経症になりやすいタイプの人というのは、心配性で、執着質で、自己内省性が強く、そして要求水準の高い人とされている。

この手の人は、用意周到だし、先のことにもよく気づき、また粘り強く、忍耐力もある。

自分の反省もきちんとする、つまりメタ認知が働きやすいし、向上心や完全欲も強い。そういう点では、少なくとも昔の日本では成功者になりやすいパーソナリティだ。

しかし、この手の人がいったん神経症になって、たとえば顔が赤いだとか、電車に乗るとパニックになるのではないかという不安を持ち出すと、それにこだわりすぎて、「とらわれ」というバカ状態になりやすい。

心配性の悪い面が出たり、執着性格のためにちょっとした症状にこだわったり、とらわれていることを反省すればいいのに、体のことばかりが気になったり、完全主義のために、ちょっとそれにはずれると、それが気になって仕方なくなるのだ。

森田は、このような神経質性格のことをヒポコンドリー基調と呼んだのだが、それを治せとは言っていない。性格の悪い面が出て、つまらないことに気持ちがいくと神経質というバカ状態になるが、いい面を発揮して、建設的な方向に性格を利用できれば、リコウな成功者になれるのだ。

実際、森田療法の治療で治った患者さんの中から、有名な作家や大企業の社長、そして森田療法の治療家、つまり、精神科の医師などが多数輩出している。森田は彼らの考え方を日常語で一喝し、病気を治す天才であったようだ。おそらく「このバカ」なんてことばもときどき使っていたのだろう。バカと言うことで、バカを治していったのだ。

いずれにせよ、注意や関心の方向性一つで、バカとリコウは紙一重であることを示す典型的なケースと言えるかもしれない。

自動思考というバカ状態と認知療法

もう一つ、ものの考え方を変えることで、心のバカ状態を治していこうという治療法に認知療法というものがある。

もともとはアーロン・ベックというペンシルバニア大学の精神科の教授が、あまりに悲観的なうつ病の患者さんに対して、その悲観的な考え方に根拠がないことを説得できたことで、患者さんのうつ病がよくなったということに端を発した治療法である。

医者の世界で、ヤブ医者とか、バカ医者と考えられるものに、対症療法を行う者がいる。よく、風邪薬はどこの薬局にも売っているのに、風邪薬はこの世に存在しないとか、風邪薬を発明したらノーベル賞ものとか言われるのを、不思議に思う人もいるだろう。

この程度のことも知らないとバカと言われると思うが、風邪はウィルス性の感染症である。したがって、風邪の本当の治療法というのは、原因となっているウィルスを殺すことである。

ところが、風邪のいろいろな種類のウィルスを殺す薬は見つかっていないのだ。市販の風邪薬というのは、要するに風邪のウィルスによって生じる、のどの炎症を和らげたり、鼻水を止めたり、咳を止めたりする薬のことである。

対症療法というのは、この手の症状を楽にする治療法のことで、原因そのものをなくそうとか、治そうとかいうものではない。ちょっとした知識があれば誰でもできるし、訴えに合わせて薬を出せばいいので、バカ医者でも、偽医者でもできる治療法とされる。しかし、症状の数だけ薬を出すとなると、おびただしい数の薬を出さないといけない。本当のリコウな医者であれば、その原因を見つけて、一種類か二種類の薬で治してしまうというわけだ。

たとえば、うつ病が原因の不眠の場合、大本にあるうつ病を治さないで、不眠という訴えに応じて睡眠薬を出すと、一週間もしないうちに効かなくなる。そうしてどんどん睡眠薬の量が増えていくのだ。リコウな精神科医であれば、うつ病であることを見抜いて、うつ病の薬を出す。するとうまくいけば睡眠薬を出さなくても不眠が治ってしまうのだ。

何を言いたかったかというと、当時の精神医学の考え方では、悲観的な考え方というのはうつ病の症状であるので、うつ病を治さないと治らない。悲観的な考え方を修正するなどというのは対症療法であって、おバカな精神科医のすることとされていたのだ。

ところが、ベックはそれによって患者さんを治してしまった。

もちろん、ものの見方を変えるだけで、うつ病を治すのは必ずしもうまくいかないようだったが、一つだけ確実なメリットがあった。それは症状を必要以上に悪くしないことだ。

確かにうつ病になると多くの患者さんが悲観的なものの見方をするようになる。その悲観のためによけいに落ち込みがひどくなる。つまりうつ状態が悪くなる。するとよけいに悲観的になって、最後は生きていてもダメだという絶望に陥ってしまう。これがうつ病患者を自殺に導く強い要因となっている。

要するに森田療法と同じく悪循環がバカ状態だと言っている。うつ状態と悲観の悪循環である。そこで少し悲観を和らげてやれば、それ以上落ち込まなくて済むのだ。

とくに現在の認知療法では、自動思考と呼ばれるバカな考えが問題にされている。

たとえば、気分が落ち込み「俺はもうダメ社員だ」という感覚になっている人がいるとしよう（確信と前提の段階）。ここに「部長が呼んでいます」という外部の出来事が起こる。ここで、「ああ、俺はもうリストラだ」と根拠もないのに自動的に思い込んでしまい、それを確信するとすれば、これこそが自動思考である。

すると「クソ！　あの部長の奴。ここまで一生懸命尽くしてきたのに、ちょっと仕事ができなくなったからといってクビかよ」というような感情的な反応が起こる（感情的な反応）。

すると、部長にまつわる悪い思い出ばかりが蘇ってくる。前にも同じようなひどい仕打ちを受けたとか、部長になるために上に媚びてばかりいたなどという記憶である（歪曲された認識と記憶の再生）。するとこの自動思考についての確信がより強くなるのだ。

自動思考を行動に移すとさらにまずいことになる。どうせリストラだからと思って、部長に言いたいことをぶちまけてやろうとする。「あんただって、ずいぶん会社の金で遊んでいるくせに、ちょっとお金がもったいなくなればクビですか？」（対人的な行動）。すると、仮に部長がクビにするつもりがなくてもかっとなってしまうかもしれない。「何を言い出すんだ。お前なんてクビにしてやる！」（他者の反応）。かくして自動思考は本当になってしまうことも生じうる（次頁の図）。

ここで、そもそも部長がリストラを言い渡すということが一〇〇%確実だと思わなければ、感情的なエスカレートも少ないだろうし、少なくとも部長にケンカを売ることもない

認知の役割と精神病理

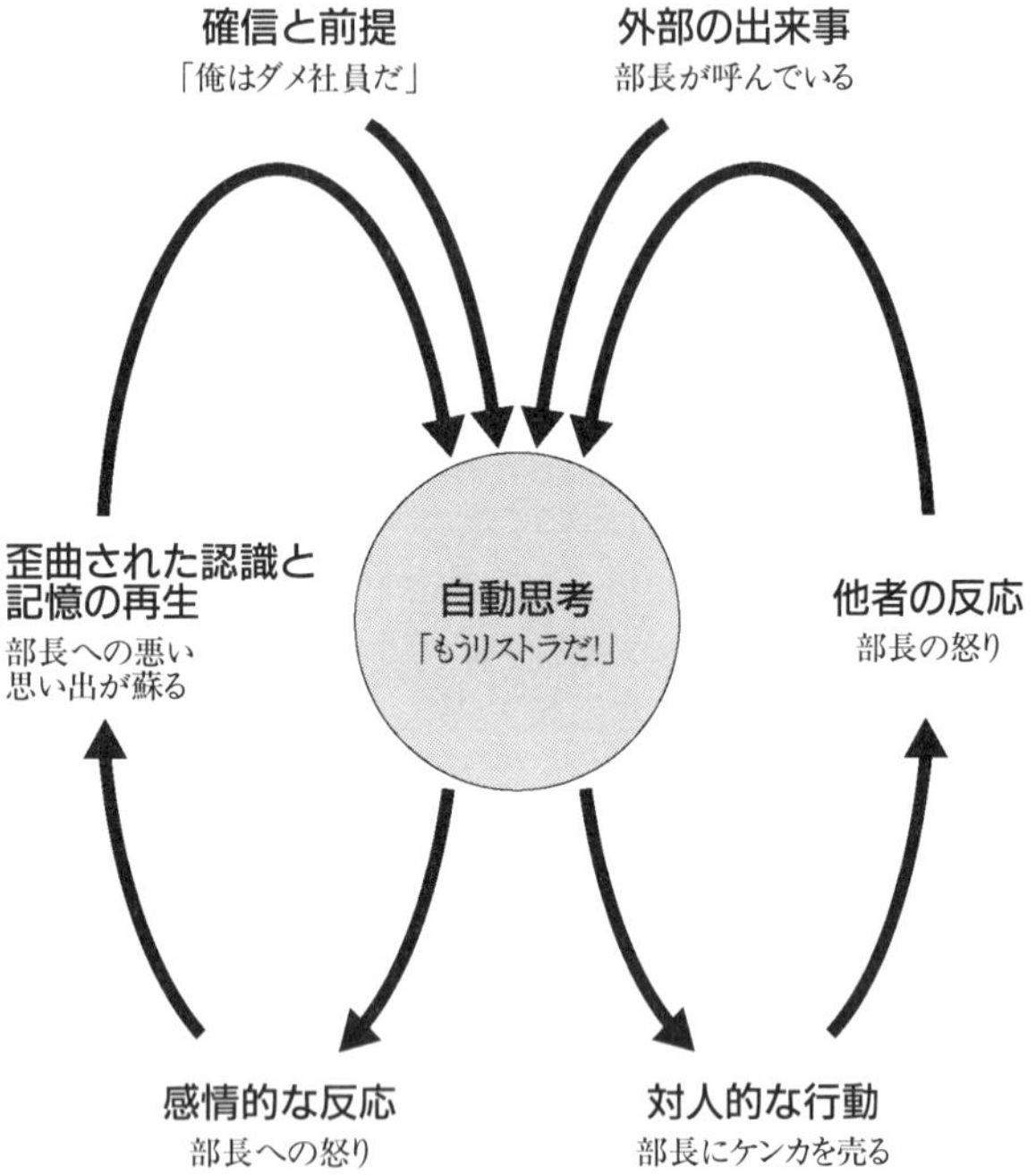

（フリーマンら、高橋祥友訳を改変。1990）

だろう。

現在の認知療法の基本的な方針は、マイナス思考をプラス思考にしようとか、自動思考を打ち消そうというものではない。そんな無理をしても、もとの考えはなかなか消えない。むしろ、マイナス思考が生じたときにほかの可能性を考えられるようにするとか、自動思考が生じたときに、ほかの可能性もゼロでないということをわからせるのだ。

たとえば、「部長が自分をリストラする」ということを思いついた時点では一〇〇％そうなると信じ込んでいるかもしれない。しかし、紙に書かせて、「その可能性は何％くらいと思いますか？」と問えば、一〇〇％とはしないものだ。仮に九〇％と書いたとすれば、一〇％のほかの可能性は何かを考えさせるのだ。「リストラでなくても左遷でしょう」と答えるかもしれない。「するとその可能性は一〇％ですね？ 合計で一〇〇％ですけど、これで全部ですか？」「いや、嫌味を言われるだけの可能性も一〇％くらいあるな」「ならばリストラの可能性は八〇％ということになりますが、これで全部ですか？」「ま、仕事の話だけということもあるかな。五％くらいだけど」という形で、多少なりと冷静になり、悲観的な先行きだけではないと考えられるようになれば、かなりうつ気分も違ってくるし、少なくとも部長にケンカを売るようなバカなことはしない。

認知療法の考え方では、うつ状態と悲観の悪循環になっていることもさることながら、悲観のためにほかの可能性が考えられなくなってしまうのが治すべきバカということなのだろう。

うつ病になりやすいバカの考え方

そういうわけで、認知療法では、ものの考え方がバカになっているとうつ病——最近ではほかのいくつかの心の病もそうだとしている——になりやすいし、うつ病になった際に悪くなりやすく、治りにくいと考えた。

さらにこの治療は、アメリカ精神医学の世界では、有力な心の治療法となっていくのだが、たくさんの患者さんを診ているうちに、ある種の考え方のパターンの人がうつ病になりやすいことも明らかになる。

これを、ベックの最有力の弟子であるアーサー・フリーマンは、「よく見られる認知の歪み」としてまとめた。実際は、かなり多くの人が陥りやすい考え方のパターンである。しかし、こういう考え方をしていると、いいときはいいが、ちょっとしたことでうつ病になりやすいし、うつが治りにくい。つまり、精神医学的に見るとバカの考え方なのである。

その代表例が、ものごとを白か黒かにはっきり分ける見方をする〈二分割思考〉と言われるものである。

このタイプの人は、たとえば人間関係でも、周囲の人を敵か味方かの二つに分けて見てしまう。そして中間を認められないから、敵でなければ味方、味方でなければ敵と見てしまう。すると、味方と思っていた人がちょっと自分の批判をすると「あいつは俺を裏切った」というようなものの見方をするし、逆に敵と思っていた人においしいことを言われると、すぐに「あいつは、実はいい奴だ」と思ってしまう。要するに、単純、つまりおバカさんなのである。メンタルヘルスの上から言うと、味方と思っていた人に裏切られたと思うような人なので、落ち込む機会も多いことになる。

この手の人にしても、知的レベルは決して低くない、あるいは能力的には高い人は少なくない。しかし、能力的に高いほうが、かえってうつに陥りやすいかもしれない。というのは、この手のものの見方に、完全主義が重なると、満点以外は零点と同じというものの見方をしてしまうからだ。すると、ちょっとしたミスであっても、落ち込みの原因になってしまう。

血液型性格分類を信じるような人もこの手のものの見方をする人が多い。A、B、AB、

0と四つに分けるから二分割思考よりは多少複雑かもしれないが、人間の性格に中間を認めず、四つに割り切れると考える思考パターンは同じことだ。要するに、この手の性格の人はグレーゾーンが考えられない、あいまいを受け入れられない、ものごとは連続的なものとして見られるという発想がもてないところがバカなのである。

社会心理学の考え方では、認知的複雑性の低い人は、複雑な情報を複雑なまま処理することが苦手であるため、単純明快に自分の考え方を割り切る傾向が強いとされている。これは社会心理学でもバカ扱いされているわけだが、こういう人はわかりやすさのために権威主義に陥りやすいという点でもバカになってしまうことが多いと考えられているのだ。

〈過度の一般化〉というのは、よくある極論のパターンである。たとえば、友達とちょっとした言い争いをしたくらいで、「あいつとの友情はなくなった」と一から一〇を決めてかかったりする。あるいは、たった一件、一四歳の少年による派手な殺人事件があると、「今の一四歳は怖い」と言ったり、たった一件、東大合格者数ベスト20に入るような学校の子供が放火事件を起こすと「秀才は危ない」などと考える思考パターンである。

〈選択的抽出〉というのも似たような思考パターンである。要するに悪い点が一つでもあると、いい点が見られなくなって、「あれはダメだ」と決めつける。あるいは、いい点を一つでも見ると、相手の欠点が見えなくなって騙されてしまうパターンである。

〈肯定的な側面の否定〉というのも前記と似ているが、要するに自分の欠点ばかり気になっていい点を認められない、相手が嫌いだとその人のいい点を一切認められないというものので、自己否定の傾向が強いだけでなく、敵ばかりを作ってしまうパターンである。

〈読心〉というのは、相手の気持ちを勝手に決めつけてしまうこと、**〈占い〉**というのは、将来のことを勝手に決めつけてしまうことで、前の章で説明したスキーマの強い状態であるが、こういう風になるとほかの情報が受け付けられなくなる。つまり、「相手が俺を騙そうとしている」と思っている際に、実は本当に自分のことを思ってしてくれているような場合でも、その好意を受け入れられなくなるようなことがある。将来はうまくいくと決めてかかっている人は悪い兆候を見落としがちだし、将来はダメと決めてかかっている人はいい兆候を見落としがちになる。結果がバカなことになるのは、察しがつくだろう。

〈破局視〉というのは、将来、起こり得る不安な出来事を、これでもう自分が終わりと思うくらい大げさに考えるパターンである。赤面恐怖の人などは、顔が赤くなったら終わりだ、みんなに相手にされなくなるなどと大げさに考える。受験生などでも、「落ちたらもうボクの一生はない」などと考えていたらメンタルヘルスに悪いのはおわかりだろう。

〈縮小視〉というのは、成功を素直に受け入れられない、大したことはないと思ってしまうパターンで小さな幸せを感じることができないので、やはりメンタルヘルスには悪い。

〈情緒的理由付け〉というのは、感情で事実を判断してしまうパターンだ。気分がいいときには、この仕事はうまくいくに違いないと思って派手な投資をする反面、落ち込んでいるときには市場の動向に関係なしに、「こんな投資うまくいきっこない」などと思ってビジネスチャンスを失う。人間の判断や推論は感情に左右されやすいのは前の章でも書いたとおりだが、それの極端なパターンと言ってよい。

〈～すべきという言い方〉というのは、「かくあるべし」が強すぎるパターンだ。「男だったらこれは攻めの姿勢でいかないといけない」とか、「武士に二言はない」などと言って、一回決めたことは修正できないとか、「人に頼ってはいけない」と思い込んで公的な福祉サービスを受けないなど、自分の美学に酔っているのはいいが、周囲からは意固地にしか見えないのがこのパターンである。今の時代、多少の朝令暮改をできないと時代に対応などできない。この手の人は、～すべしという理想像についていけないためにうつになりやすいだけでなく、能力が高くてそれなりに成功していても、時代の変化で落ち目になる可能性も大きい。やはりおバカな人ということになる。

〈レッテル貼り〉というのは、もともとの認知療法の用語としては、自分に対するレッテルを貼ることである。たとえば、ちょっとふられたくらいで、自分はもてない男というレッテルを貼って結婚を諦めるようなケースだ。これがメンタルヘルスに悪いのは言うまでもない。もちろん、何か一回うまくいったくらいで、「俺は天才」とレッテルを貼る場合もある。この手の人間は、実力の裏づけがない限り、無鉄砲なことをしかねない。相手にレッテルを貼るのも、いわゆるスキーマになるので、ほかの情報を受け入れづらくなり、やはりおバカさんのパターンになることだろう。

〈自己関連付け〉というのは、うまくいったときも、失敗したときも自分のせいにしてしまうパターンだ。通常は、うまくいったときも運や周囲の人間のおかげであることが多いし、うまくいかなかったときも自分だけのせいであることは少ない。この手のものの見方をする人は、成功したときも「俺のおかげ」という態度をとるので嫌われやすいし、失敗したときには人一倍落ち込むので、うつになりやすい。やっぱりバカと言われても仕方がない。

さて、ここまで読んで、自分はいくつかのバカに当てはまると思った人はメタ認知が働いている。むしろリコウの可能性が高い。バカとはいうものの、精神科医がたくさんの患者を診て「よく見られる」ものとしたのだから、そう珍しいものではない。誰もが一つや二つは当てはまるかもしれない。本書はバカを治す目的で書かれたものなのだから、それが見つかって治す気になるのなら、それこそリコウのパターンである。

それより私が問題にしたいのは、テレビばかり見ていると、この手のパターンになりやすいということだ。テレビの場合、報道番組でさえも、白か黒かをはっきり決めて、悪は徹底的に悪、善は完全な善という風に扱いやすいし、〈過度の一般化〉はもっともありきたりのパターンだ。さらに〈選択的抽出〉、〈肯定的な側面の否定〉などは北朝鮮報道の常套パターンだ。あんな国でもいい点があるかもしれないと考える（それでも見つからないくらいのひどい国かもしれないが）のが大人のものの考え方である。人の心の決めつけや将来の決めつけも当たり前に行われている。〈破局視〉や〈レッテル貼り〉こそ視聴率稼ぎの必勝パターンと言っていいだろうし、〈「〜すべき」などという言い方〉も多い。

要するに、テレビというのは、物事を単純に見るつくりをしているから、それを疑ったり、ほかの可能性を考えたりして見ていかないと、自分まで単純な人間になってしまう。つまりバカになる。その上、心の健康に悪いのだから、ときどき本書でも見ながら、「テレビの今の報道は〈二分割思考〉に当てはまる」とか、「これはさすがに〈過度の一般化〉

だ」とかチェックを入れる習慣をつけると、リコウになれるかもしれない。
もちろん、今の不適応思考のパターンを自己チェックに使えば、スキーマから脱却しやすくなるし、メタ認知のトレーニングにもなる。

ボーダーラインというバカ

さて、能力はそれなりに高いのに、社会適応がうまくいかないもので、治す気になれば治るものをバカというのであれば、いわゆる精神障害の中でバカの代表例（これまでは心の病になるポテンシャルの高いパターンをバカと呼んできた）は、人格障害と呼ばれる状態である。

とくに精神分析療法の治療のメインターゲットとされるボーダーライン人格障害と、自己愛性人格障害は、私もアメリカで精神分析を習ってきた経験上、治るもの、少なくとも適応がよくなったり、前よりはよくなったりするものだから、この手のバカの典型として扱わせていただく。

前にも述べたが、実際のところは精神分析というのは、そう多くの神経症の患者さんを治してきたわけでないし、金と時間がかかるという点で、コストパフォーマンスの悪い治療法でもあった。

その上、一九五〇年代から六〇年代にかけて、有効な精神安定剤やうつ病の薬が開発されると、この手のカウンセリング治療を受けなくても、それなりによくなる人が増えて、ますます精神分析治療が落ち目になってくる。

そこで、薬の効かない心の病であり、精神分析的な長期のカウンセリングによってよくなることが多い状態として、前述のボーダーラインと自己愛性パーソナリティが、精神分析の世界から注目されたのである。

現在、DSM-Ⅳ-TRと呼ばれるアメリカの統一的な精神医学の診断基準では、一〇種類の人格障害が規定されている。それぞれに私の言うところの、知的レベルと関係なく、社会適応がうまくいかないバカのバカたる特色が出ているが、ボーダーラインも自己愛性パーソナリティも、現在ではその一〇種類の一つという扱いになっている。

今回は紙面の関係もあり、この二つだけを取り上げさせていただく。

さて、DSM-Ⅳの診断基準の日本語訳では、ボーダーラインは、境界性人格障害と訳され、以下のような診断基準となっている。

1 現実に、または想像の中で見捨てられるのを避けようとするなりふりかまわぬ努力
2 理想化とこき下ろしとの両極端を揺れ動くことによって特徴付けられる、不安定で激しい対人関係
3 不安定な自己像や自己感が激しく、持続的であること
4 自己を傷つける可能性のある衝動性で、少なくとも二つの領域にわたるもの（例、浪費、性行為、物質乱用、無茶食い）
5 自殺行動、自殺のそぶり、自殺の脅し、または自傷行為の繰り返し
6 気分反応性による感情の不安定
7 慢性的な空虚感
8 不適切で激しい怒り、または怒りの制御の困難
9 一過性のストレス関連の妄想様観念または重篤な解離性症状（記憶が飛んで、知らないうちに別の行動をしていることなど、これのひどいものがいわゆる多重人格）

このうち、五つ以上を満たすタイプの対人関係、自己像、感情の不安定、および衝動性のひどい状態がボーダーラインということになる。

ただし、人格障害全般に言えることなのだが、これらの症状のために自分が苦しんでいるか、社会的、職業的、そのほかの領域における機能障害を起こしている場合にのみこの診断基準が当てはまり、その診断を受けることになる。

私自身、精神分析を勉強し始めて、とくにボーダーラインについては、いろいろと勉強したつもりだったし、その治療にもかなり苦しんだ経験もある。しかし、とくに印象に残っているのは、アメリカで私の留学先の院長だった、現ベーカー大学教授のグレン・ギャバードのことばである。「この病気の典型例は、映画『危険な情事』のグレン・クローズ演じるキャリアウーマンの女性だ」。

仕事もできるバリバリのインテリ編集者なのだが、簡単に人のことを好きになり燃えるような一夜をマイケル・ダグラス演じる有能な弁護士と過ごす。ところが、その後は信じられないようなストーカー行為の連続。「この女性が通常のボーダーラインの患者と違う点は、一回風呂に沈められて死んだはずなのに生き返ることだけだ」というのがギャバードのことばだった。

確かに見捨てられる不安に対するなりふりかまわぬ努力、その日のうちに情事にいたる理想化とその後のストーカーという不安定な対人関係、感情の不安定、怒りの制御の困難。

さまざまな点で映画はボーダーラインの典型例と思わせてしまう。これは、私が日本で診ていた、とある患者さんを思い起こさせるような話でもあった。

その後、日本でどういう人をボーダーラインの典型例としてたとえ話に出そうと思うに、大阪教育大学附属池田小学校で無差別殺傷を行った犯人、宅間守がそうだろうと私は考えている。

宅間の場合、四回（獄中結婚と合わせると五回）も結婚と離婚を繰り返している。こんな男がなんで何回も結婚できるのかを不思議に思う人がいるだろうが、この手の人は相手のことを好きになると徹底的に理想化するから、意外に女性にもてる。それでいて、ちょっと不快なことをされると、相手が憎くなってドメスティック・バイオレンスに走ったりするのだ。

供述などを聞く限り、不安定な自己感、衝動行為、自殺行為、感情の不安定、怒りの制御の困難、そしてそれが原因でまともな職につけていなかったのだから社会的機能障害もあったのは間違いない。ほかにもいろいろな人格障害に当てはまるという話もあるが、ボーダーラインの診断基準には確実に当てはまる。

さて、亡くなった精神分析学者の小此木啓吾先生は、以前、この手の人を「困った人」

として描いた。確かに、周囲の人間を困らせる典型的なパターンの人たちだ。私がこの手の人たちをあえてバカと言うのは、やはり、自分の能力を活かしきれずに（現実には、勉強も長続きしないために宅間のように学歴も得られないケースも少なくない）、社会で成功者になれないことが多いからだ。

実際、アメリカの精神分析の世界でこの病の患者が主たる客層として研究をされたのは六〇年代から八〇年代にかけてである。薬は効かないが、精神分析による心理的な育てなおしや洞察によって改善すると考えられてきた。しかし、精神分析に対して保険会社が金を出してくれなくなって以来、この手の患者が精神分析を受けることは激減した。それだけ、対人関係の悪さや衝動のコントロールの悪さのために仕事が続かず、金を払えないからなのだろう。今、アメリカでこの手の患者で精神分析治療を受けられるのは金持ちのボンボンのような人ばかりだ。金の切れ目が縁の切れ目のアメリカの怖さでもあるが、そのくらい社会適応が悪いということだろう。

さて、第一章で、私が前著の内容について読者の方から抗議を受けることで、考えさせられることが多く、本書を作るきっかけになった話をした。

実は、この読者の方は「人格障害をバカと呼ぶのは許されない」と激しく抗議をされたのだった。この読者の方自身が、このボーダーラインという人格障害の診断を受け、同じ心の障害をもつ方に、その生き方に自信をもつように説いておられるようだったが、私のことばを、人格障害者を差別したものと受け取られたようだった。

私は、その本の冒頭に「心理学や精神医学の立場で、いわゆるテストで測られるような知能の低い人より、どういうわけか社会でうまくいかない人、うまくいっていてもダメになることが多い人、人に嫌われてしまう人などのことをあえて『バカ』と呼ぶことにして、それがどうして起こるのか、そういう人とどう接していけばいいのか、自分がそれに当てはまっているなら、どのように治していけばいいのかなどを考えてみることにしました」と断っておいたつもりだったのだが、どうも「そぉか！ あいつは医学的にもバカだったんだ!!」という表紙の帯の挑発的なコピーもあって、怒りを感じておられるようだった。

この人に関しては、おそらく主治医の診断は当たっていると思う。文章を読む限り、大変知的な人だ。しかし、こちらの感情を逆なでするような激しいことばに、私の受けた不快感は相当なものだった。作家をされているとのことで、対人関係が悪くても続けられるのかもしれないが、語彙の豊富さや論理展開の能力の高さの割に社会でうまくいっている感じがしない。治療に通われているとのことなので、本人も治す気があるのだろうし、私も治られることを願っている。ただ、治るということと不適応であるという点で、それが十分に私の言うバカの定義に当てはまると言いたいのだ。

ただし、こういう人にバカと言うと、相手の怒りがこちらの想像を超えたものになるので、少なくとも身近にこの手の人がいる場合は、決してバカと言ってはいけない。バカと言われて、それを愛情のある叱責と思って治せる人（性質のいいバカの人）にはこのことばを使うのは適切であるが、逆に怒りをかうのであれば、言われた人も改善が困難な点で程度の悪いバカなのかもしれないが、自分もあとあと損をするから、言ったほうもバカということになってしまうことは付記しておきたい。

自己愛性パーソナリティ障害というバカ

さて、ボーダーラインの人が金にならないために精神分析治療のメイン客層から滑り落ちた後、代わりにメインの客層となったのが、自己愛性人格障害とされる人たちだ。

診断基準の上では、自分のことを凄い、偉いと思うような誇大性、激しい賞賛を受けたい欲求、それでいて他人の気持ちがわからず共感できないというタイプの人たちだ。

ボーダーラインの人の場合は、診断基準の九項目のうち五つを満たすような人は、まず

自己愛性人格障害

Narcissistic Personality Disorder

誇大性（空想または行動における）、賞賛されたいという欲求、共感の欠如の広範な様式で、成人期早期までに始まり、種々の状況で明らかになる。以下のうち五つ（またはそれ以上）によって示される。

（1） 自己の重要性に関する誇大な感覚（例：業績や才能を誇張する、十分な業績がないにもかかわらず優れていると認められることを期待する
（2） 限りない成功、権力、才気、美しさ、あるいは理想的な愛の空想にとらわれている
（3） 自分が〝特別〟であり、独特であり、他の特別なまたは地位の高い人達に（または施設で）しか理解されない、または関係があるべきだ、と信じている
（4） 過剰な賞賛を求める
（5） 特権意識、つまり、特別有利な取り計らい、または自分の期待に自動的に従うことを理由なく期待する
（6） 対人関係で相手を不当に利用する、つまり、自分自身の目的を達成するために他人を利用する
（7） 共感の欠如：他人の気持ちおよび欲求を認識しようとしない、またはそれに気づこうとしない
（8） しばしば他人に嫉妬する、または他人が自分に嫉妬していると思い込む
（9） 尊大で傲慢な行動、または態度

『DSM-Ⅳ-TR精神疾患の分類と診断の手引』高橋三郎・大野裕・染矢俊幸（医学書院）より

社会で成功できないから「バカ」と言われるのはイメージがわくだろうが、自己愛性人格障害の場合、とくにアメリカでは、DSM-Ⅳにもはっきり書いてあるように、「多くの非常に成功した人々が、自己愛性と見なされるような人格傾向を示すことがある。それらの傾向が柔軟性を欠き、不適応的で、持続性であり、そして著しい機能障害または主観的苦悩を起こしている場合に限って、自己愛性人格障害といえる」(高橋三郎、大野裕、染矢俊幸訳)。

要するに文化の違いともいえるが、人の気持ちを考えずに平気で部下のクビを切れるような人、自分にぺこぺこしたり、自分を尊敬しないとかっとなるような人、俺ほど偉いものはないと思っている人のほうが、アメリカでは成功者になりやすかったりする。

だからこれをバカと言っていいのかは難しいところなのだろう。

ただ、この手の成功者のうち、ある一定の割合の人が、おそらくは「主観的な苦悩」があるために精神分析治療を受けていて、高くて時間のかかる精神分析治療の新たなメイン客層になっているのも確かなことだ。

社会で成功しても、人の気持ちがわからないために他人の愛情を素直に受け入れられなかったり、思い通りの賞賛を常に得られないという空虚さがあるのだろう。あるいは、歳とともに、自己愛性格のままでは、能力の衰えが認められずに苦しい思いをするのかもしれない。また限りない成功を求めているようでは、中高年以降うつ病になりやすい完全主義性格と似たような末路になることは十分にあり得る。メンタルヘルスの立場から見ると心の病になりやすいバカな性格とはいえる。

もちろん、日本においては、過剰な賞賛を求めたり、自分ほど偉い人間はないという態度をとったり、特権意識が強かったり、自分の目的のために人を平気で利用したり、あるいは、他人に共感ができず、人の気持ちがわからないような人は、いくら社会がアメリカナイズされているとはいえ、そう成功はできないだろう。

実際、後で紹介するEQ理論の啓蒙者のダニエル・ゴールマンによると、自己愛性格の成功者の多いとされるアメリカでも、一九七〇年代、八〇年代の研究では、パワーを備えた地位のある人とその共感能力には負の相関があると検証されていたが、今日ではアメリカでもチーム志向を強めているため、その傾向が薄らいできているという。

ゴールマンに言わせると理想のリーダー像は、かつてのような権威主義的なリーダーではなく、スタッフと将来の夢を共有できるビジョン型のリーダーや共感能力の高い関係重視型のリーダーである。

これまで以上に、自己愛性格は治すべきバカということなのだろう。

EQ理論から見たバカ

このようなパラダイムから、一般の知能、いわゆるIQ的知能とは別の知能があるとして提唱されたものに第一章で触れたEQがある。

これは、高い知能や一流の学歴をもちながら、社会で成功できない人がいることから、その原因を求めて、つまり彼らに欠けていた能力の分析から出てきた概念である。つまり、これが弱いと賢い人でもバカということになる。

もともとはemotional intelligence（感情的知能）ということばが使われていたのだが、アメリカのTIME誌でIQに対抗して、EQとして紹介され、日本でも翻訳書を出す際に、その呼び方を用いたために、EQということばのほうが通りがよくなっている。

EQという概念を考案したエール大学のピーター・サロヴェイとニューハンプシャー大学のジョン・メイヤーによると、EQの五大要素は以下の通りだ。

1　自分の感情を正確に知る――これがEQの最重要ポイントとのことであるが、これはもちろん一種のメタ認知である。

2 自分の感情をコントロールできる。

3 楽観的にものごとを考える——これは、認知療法でいうところのプラス思考ということになる。あるいは、これを通じての自己動機づけ能力がこの要素とされる。

4 相手の感情を知る。

5 社交能力——これを身につけるためには、前記の四つの要素を満たすことが必要とされている。

このうち、1、2、5が欠けているのがボーダーラインの人たちであり、4、5が欠けているのが自己愛性格の人たちだ。こういう人たちはやはり現代のパラダイムではバカと言われても仕方がない。

確かに、感情のコントロールが悪かったり、対人関係能力がなければ、いくら学歴が高くても、知能が高くても、世間での成功は難しいだろう。ビル・ゲイツにしても、パソコンのプログラミングの才能だけでなく、スポンサーを見つけたり、ビジネス・パートナーを見つける才能が意外に高かったことは知られているし、アップル・コンピュータに似たソフトをIBMコンパチのマシーンに載せるという際の営業力や説得力は、彼の意外な、といえば失礼かもしれないが、対人関係能力の高さを示しているとされる。

もちろん、日本のほうがEQ能力が必要な社会といえる。つまり、EQが低いとバカである社会である。学歴が高くても出世できないというパターンは、この手のEQ能力が欠けている人が大部分だった。逆に言えば、高学歴で出世している人というのは、世間のステレオタイプでは冷たい傲慢な人ということになっているが、現実には、根回しがうまかったり、上司の受けのよい人である場合が大部分だ。人が考えるほど、成功者は冷たい人でないのが日本社会というものなのだ。

だから問題とされるべきは、IQが高い人はEQ的な能力に欠けるという世間のバイアスである。要するに知的なトレーニングばかりしていると、EQ的なものが身につかなくなるという説に対する疑問である。

これについては、はっきりNOと言える。私自身、ある雑誌の対談で、『EQ——こころの知能指数』の著者ダニエル・ゴールマン氏と対談したことがあるが、彼もIQの高さや低さとEQは何ら関係のないものだと言明していた。つまりIQもEQも高めるというのは決して欲張りなことではない。十分な知識、柔軟な推論能力というような認知機能と、メタ認知的な自己の感情の把握、そして感情のコントロール能力、そして相手の感情を読む能力や対人関係をうまくいかせるという共感能力は十分両立するものだし、日本ではそういう人が出世する傾向にあったのは確かなことだ。ゴールマン氏もIQを十分活かすためにEQの教育を行うべきだと主張しているにすぎず、IQを決して否定してはいない。

逆にIQが高ければEQが低いなどという俗説を信じて、知能の高い人、学歴の高い人を毛嫌いするほうがよほどバカと言える。

もちろん、EQ的な能力を身につけたり、IQの高い人でもEQが高い人がいるのだということがわかったりしている人は、他人の知識が利用できるような他者を利用した「頭のよさ」の達成がより容易になる。それだけリコウに生きられるのだ。バカは治せるという基本的な考え方でいくと、またEQ教育が可能だというゴールマン氏の考え方でいくと、EQ的なものを自覚的に身につけていくことがリコウといえる。

さまざまなバカを生み出す強迫性の心理

精神医学の立場からいうと、もう一つバカを作るまずいパターンに「強迫」というものがある。簡単に言うと、「やめられない、止まらない」心理である。

我々、精神科医が、たとえば性的倒錯（SMやのぞきやフェティシズムと呼ばれる行為、つまりヘンタイ）を精神医学の立場から病的かどうかを判断するとすれば、一つには、払う代償があまりに大きい場合。たとえば、SMが高じて、人殺しや傷害事件にまで発展すれば、やはりまずいだろう。

のぞきのような性的倒錯で逮捕される人や、手鏡事件で社会的な地位や名声を失いながら、さらに痴漢で逮捕されるような人たちに、私たちは思わず、「バカだな」とか「アホやな」と言ってしまうわけだが、それ以上に問題なのは、本人のほうもバカとか、アホとか思いながら、やめられなくなってしまうということがある。これが強迫と呼ばれる症状で、『精神医学事典』（弘文堂）にも「馬鹿らしい、非合理だと理性的に判断しても、どうしてもある行為へと駆り立てられる現象」とバカを認めながらやめられない状態と規定してある。この強迫性が病的と判断する二つ目のポイントだ。

要するに、世間的に見てもバカと思えるような損なことをすることと、自分でもバカとわかっていながらやめられない止まらない状態になっているということを、病的と見なすわけだ。

逆に言うと、行為が異常でもそれほど問題にしない。大企業の社長や政治家が、無教養な女王様にお尻ペンペンされて喜んでいても、女性に尿をかけられて喜んでいても、それだけでは異常と見なさない。そういう人が、その手のSMハウスのようなところから出てきたら、もうそんなバカなことをしないで、紳士然として仕事に戻れるのなら、強迫性もないし、失うものはせいぜいお金くらいだ。

バカなことがやめられない止まらないだと病気と見なされるのは、この手のヘンタイだけではない。

たとえば依存症と呼ばれるものもそうだ。

アルコール中毒というようなことばがよく使われるが、アルコールについて病的な依存症かどうかを判断する基準は連続飲酒があるかどうかである。要するに酒がきれるとやってられなくなって、やめなきゃと思っていてもお酒がやめられない。家にいるような場合は飲まない時間を作れない。下手をすると会社でも隠れ飲みをしてしまう。このような状態が「依存症」といわれるものだ。もちろん、軽い依存症の場合は、飲まないでもどうにかやっていけるが、切れるとイライラしてしまう。これはアルコールの依存が精神的なものだけでなく、アルコールそのものが依存性薬物だということがある。タバコがきれるとイライラするのもそういったメカニズムだ。

そういう意味では、麻薬や覚せい剤のように、それに手を出すだけで、「バカ」なものでない、アルコールやタバコの依存は、バカと呼ぶのは可哀相な気がするが、買い物依存、パチンコ依存、セックス依存のように物質より行為に依存するのは、完全に心理的な依存症なので、バカと言わざるを得ない状態といえる。これらの依存は、本人がバカなことをしている（パチンコの場合は、勝てると思っているから自分の行為をバカなことと思っていない人も少なくないようだが、一部の本当のプロを除けば、そういう人のほうがもっとバカである）と「わかっちゃいるけど、やめられない」状態になっている。やはり心がバカになっているのである。

そのほか、バカ食いをして、太るのが怖くてそれを吐いてしまうブリミアといわれる食行動異常も本人がバカと思っていながらやめられない心のバカ状態として注目されている。日本の精神医学が遅れているとはいえ、こういった症状には、多少は有効な治療法はある。強迫によるやっていないときに生じるイライラ感をかなり和らげる薬もある。やはり医者に行くのが治す方法だろうし、それでも医者に行かないのはバカということになるのだろう。私の言うバカとは、社会的な不適応がありながら治そうとしないことなのである。

ところで、ブリミアと違う形の、昔から、といっても約四〇年位前からであるが、問題にされている心の病に神経性無食欲症と言われるものがある。標準体重を一五％も割り込むほど十分にやせているのに、自分がやせていると思えず、太りたくなくて食べないというバカ状態である。実際、この豊かな日本で、毎年一〇〇人もの若い女性が、餓死同然で亡くなっている。

「バカ、お前やせすぎだよ。食べないほうがよほど魅力がなくなるよ」と言ってあげたいところだが、バカを煽るもっとひどい大バカ者がいる。たとえば、身長一六八センチ、四三キロなどという激やせモデルを七年もトップモデルに使い続けた『セブンティーン』誌などがその最たるものだ。標準体重を三〇％も割り込んでいるというのは、脳や重要臓器に悪影響を及ぼすレベルだ。そのモデルはたまたま太らない体質で栄養状態もいいのかもしれないが、標準体重を二〇％割り込むようなら、ダイエットはやめろと言うのが医者の常識である。まだ判断力も十分でない少女がこんな体に憧れたら、危険なのは言うまでもない。

標準体重を二〇％割り込んでいるのに、まだやせたいと思うのは医学的にはバカなことだが、本人のことをバカと言えないのは、そのほうがかっこいいとティーン雑誌が煽っているからだ。そして、この神経性無食欲症の平均発症年齢がまさに一七歳、セブンティーンなのである。

バカなことをバカでないように思わせ、それが理想のように扱う、大人のバカな行為のために毎年一〇〇人以上の若い女性が亡くなっているのである。もちろん、すべてがマスメディアの影響ではないだろうが、やせがかっこいいとマスコミが煽った六〇年代からこの病が急増したのだから、かなりその影響が大きいと考えられる。こういう大バカ者を吊るし上げない限り、バカなことをして命を失ったり、将来に重篤な後遺症が残る少女が後を絶たないだろう。アメリカなら人を病気にするようなバカなことを書くと裁判で大損をするが、日本ではバカな雑誌のほうが、金儲けになるのである。つまり、この編集者たちはバカというよりワルなのだ。

バカは治るし、とくに精神医学的なバカは治したほうが社会適応は確実によくなるし、自殺予防などの観点で、自らの命も守る。

しかし、ワルは、そのほうが得なことが多いので、よほどのことがないと治らない。精神医学の世界でも、いちばん治らないとされている人格障害は、道徳観が欠如した反社会性人格障害と言われるものなのである。

第五章　二十一世紀におけるバカ

時代が変わるとバカも変わる

バカとリコウということを考える際に、社会適応が大事だと強調してきたのだが、社会というものが時代とともに変わるので、バカとリコウというものも時代とともに変わる。

広辞苑では、社会的常識に欠けていることをバカの第一定義としているが、その例として「専門バカ」ということばを載せている。専門家というのは、自分の専門分野以外のことをおそろしく知らないので、常識がないという意味でバカということばが当てはまるとされているのだ。

一方で、専門の世界に閉じこもっていると、社会適応の上で損であったり、専門の世界でもバカになったりすることもある。たとえば、コンピュータの研究者がせっかくITの時代が来ているのに、学問の世界に閉じこもっているために、それをビジネスに応用し損ねたり、たとえば凄い検索エンジンを開発しても上手に売り込み損ねているうちに、別の検索エンジンのほうが世界標準になっていって、技術的にも負けてしまうというようなことはままあるだろう。

ただ、社会的常識というのも社会が変われば変わるものである。昔は一日中ひきこもってパソコンに向かっていた人が専門バカの部類に入っていたのが、パソコンで何でも買い物ができたり、出会いが提供されたり、お手伝いさんのオーダーができるようになると、通常の文化生活が送れるので、バカという感じではなくなることだろう。あるいは、パソコンを使って弔電や祝電が打てるようになると、この手の人が儀礼を欠くこともなくなるかもしれない。

逆に時代が変わると、リコウがバカに転落することもあるだろう。

たとえば、古いしきたりのようなものは、昔の社会的常識である。

しかし、いつまでも古いしきたりを押し付けていると、むしろバカなじじいの扱いを受けてしまう。女性社員にお茶汲みを強要したとして、それが今でも会社の文化として容認されている場合はいいが、そうでなくなっているのに、それを求めたら、パワハラとかセクハラと言われかねない。すると、常識人のつもりのその上司のほうが社会的常識がないという扱いを受ける。

いろいろな意味で、常識と思っていたことが通じなくなると、リコウは一気にバカに転落する。

かつて世界一のシェアを誇ったモトローラという携帯電話の会社は、アナログ方式の携帯電話が主流だった時代には全米の携帯電話のシェアの六割を占めるガリバー企業だった。

この会社がデジタル携帯電話への移行期にアナログにこだわりすぎたために、ノキアなどに抜かれ、アメリカ国内でもシェアを三〇％にまで落としてしまった。

スケールメリットがあるから、そんなに簡単にデジタルに乗り換えないだろうとか、価格その他でこちらのほうが有利などという「常識」にとらわれたために、当時のCEOのロバート・ガルビンは、アメリカでもっとも有力な経営者の一人だったのが、バカ経営者の代表の烙印を押されたのだ。

学問があてにならなくなってきた

さて専門バカと同様に使われることばに学者バカということばもある。これも学問の世界にひきこもって一般常識がないという意味でバカと呼ばれたのだろう。

しかし、私はいくつかの意味で学者バカが昔以上に本物のバカになるポテンシャルが高い時代になってきたと考えている。一途さとか、〜一筋という人が、昔ほどは尊重されなくなってきたということもあるだろう。

これまで、ある意味で専門バカとか、学者バカというのは、そのくらい専門に打ち込んでいる、まじめにやっているという意味で逆に肯定的に考えられることもあった。「自分は専門バカですから」と誇らしそうに自己紹介する人もいた。
しかし、今はそうはいかなくなっているように思える。
学者や専門家が、一般常識を求められるという点で、昔以上に彼らがバカ扱いされると
いうこともあるが、もう一つの流れとしては二章で触れた知識社会の文脈がある。
昔は、いわゆる書斎人として、多くの書物をもち、多くの情報とアクセスできると学者
の扱いを受けた（たとえば専門雑誌を毎月取っていれば、最新の論文に目が通せるので学
者面ができる）。しかし、インターネットの時代では、よほどの古文書でも入手できなけ
れば学者の扱いを受けないだろう。専門雑誌に出ているような情報はネットのほうが早く
見つかることが多くなったのである。ついでに言うと、いわゆる物知りの価値も低下した。
ただ情報を丸覚えしたものであれば、その学者に聞かなくても、ネットで引いたほうがほ
かの情報も入るし、正確だからだ。
単なる物知りの学者は淘汰され、情報をそれなりに加工し、現代のニーズにあっている
ものにできる学者だけが生き延びるということだろう。そのために社会を知らなければな
らないのだ。
つまり、情報より頭の中で生きている知識のほうがエライ知識社会の時代には、旧来型

の学者は、専門バカどころか、本物のバカということになってしまうのだ。

それ以上に大きなパラダイムの変化は、学者自身の相対的な価値の低下である。

二十世紀は学問の時代と言っていい。特にいわゆる人文科学系の学問が体系化された時代である。

経済学は比較的古い学問と言えるが、それにしても、きちんと数式を使って、さまざまな理論を説明できるようになったのは二十世紀の話である。そのために、経済学の信憑性は高まり、経済政策やあるいは企業経営に経済学の理論が、それまでの時代と比べものにならないくらい取り入れられるようになった。経営学にしても学問の体をなすようになったのは二十世紀の話である。

私の専門分野の心理学にしてもそうだ。哲学の一部門にすぎなかった心理学を独立させてその専門の実験室や教室をウィルヘルム・ヴントが作ったのは一八七九年の話であり、また一人一人の心が違うという考え方に基づいて、現在のカウンセリング技法の大本をフロイトが確立したのも一九世紀も末に近い時期の話である。要するに心理学がさまざまな形で進歩し、学問らしくなってきたのは二十世紀の話なのだ。

フロイトの精神分析にしても、最初の科学的な精神科治療法としてアメリカで広く受け入れられたり、現在では前に触れた認知療法などが長期フォローの結果、統計学的にも有効であることが証明されるなど、臨床心理学が科学として体系化され、きちんと認められるようになったのはやはり二十世紀の話である。

一方の実験心理学——個人相手のカウンセリングではなく、一般の心理傾向をつかむための心理学——でも、社会心理学や教育心理学の実験が盛んに行われたのは、二十世紀も後半の話で、心理学の地位は飛躍的に上がった。これが教育政策に影響を与えたり、企業がマーケッティングに取り入れたりという形で心理学が実用的な学問とか、科学的に人間の心理傾向を知る手段として認知されたのである。

かくして、政治、経済、教育などの一般社会の世界でも、それを解明する学問が確立され、たとえば政府の審議会の主要なメンバーは学者で固められるし、新聞・テレビなどでも何かにつけて学者が有識者としてコメントや解説を行うようになったし、企業でも社外取締役などに学者を使うことが多くなってきた。

このようにいろいろな形で学問が進化、発展し、学者の地位は上がるわけだが、ここで一つ別な問題が生じてきた。

確かに政府の審議会の委員になるような人や、テレビのコメンテーターや企業の社外取締役になるような人は、昔風の学者バカではない。むしろ俗物の印象を与えるほどだが、一般社会の常識もわきまえているし、普通の社会にもいそうなエリートビジネスマン風の人が多い。しかし、現実には、経済学や経営学、心理学、教育学、教育心理学が現場で採用されると、理論通りにいかないことが多い。そういう意味で彼らがバカになりつつあるように思える。

今の日本経済などはその典型で、学者の意見をさまざまな形で採用したが、なかなか理論通りに回復はしなかった。最近になって株価が上がり出すと、学者たちは、それ見たことかと言わんばかりに、経済が回復したかのように主張するが、これまで学者が経済の指標と考えていた、経済成長率や失業率など、さまざまな問題は解決していない。

これにしても私の仮説であるが、人間、ものがない時代は経済学者の理論通りに全体としては動くのかもしれないが、一通りものをもったりすると、心理的な攪乱要素が大きくなりすぎて、理論があてにならなくなってくるのだろう。

最近の複雑系の考え方は、新たな学問体系としては非常に面白いものであるが、逆に、そんなに簡単に人間の心や行動はわからないことも教えてくれる。

二十世紀に体系化した学問は、複雑系理論の出現と実用化のために明らかになるさまざまな例外のために、少なくともこれまでのままでは、政治や経営の重要な判断を任せられるほどあてになると言えなくなってきているのではないだろうか。

新しいタイプの学者バカ

すると別のタイプの学者バカが出現することになる。

要するに、自分の理論の正しさを、現実にそぐわなくても信じて疑わないバカである。

経済学者などは、「人々が完全な情報をもっている」などというあり得ないような前提でものを考えながら、理論通りにことが進まないと、前提条件を満たしていないとか、市場のほうがおかしいなどと言う。

精神分析の世界でも同じようなことがある。精神分析では患者の無意識というものを想定している。ところが厄介なことにこの無意識というのは、日常語で使う無意識より深いところにもぐっているもので、自分ではどんなものかはわからない。要するに精神分析家がそれを解き明かしてくれるというわけだ。

精神分析家がそれを探り当てて、たとえば「あなたは、実は無意識の中でお母さんのおっぱいを求めていたのです」と解釈する。それに対して患者さんが、「そんなものは求めていないよ」と強く否定した場合、分析家は「それだけ強く否定するのは、無意識の中で抵抗という現象が起こっているのです。無意識の世界では、認めたくないものほど、この現象が起こる。そしてこの認めたくないものの中にあなたの病の本当の秘密が隠れているものなのです」という形で、患者が認めないことで、よけいに解釈が正しいことにされる。それなのに、患者が「確かに私は母親のおっぱいを求めていたのかもしれません」などと答えたら、やはり分析家の解釈が正しいことになる。要するに分析家が心の真実を知っていて、患者の主観が無視されるのである。

これに対して、アメリカの精神分析の世界では、治療者のほうが患者自身より患者の心がわかるなんてそんなバカな話はないと激しい批判が起こってきた。そして、今では患者の主観を尊重する学派のほうが主流になっている。

一つにはアメリカでは、前にも述べたように自腹を切れる客層が精神分析のメインの客層になっているので、患者さんに心地よい治療でないと客が集まらない。分析家が難しいことを言って嫌われるとお飯《まんま》の食い上げで、それこそインテリなのにバカということになってしまうこともあるだろう。

その点、日本では、精神分析治療で飯を食うという人はまずいないので、大学病院での研究あるいは、趣味的治療として行われている。そして、今でも、アメリカでバカ呼ばわりされているような治療が続けられている。アメリカでは週四日以上患者の話を聞くが、日本では週一日が主流なのに患者より自分のほうが患者の心がわかるとみんな信じているのである。

この手の、人間のことを自分はよくわかっていると信じているバカ、現実より理論のほうを信じるバカは、いろいろな学問の世界で問題になっている。

現在問題になっているゆとり教育にしても、教育学者、とくに教育心理学者が、人間の自発的な好奇心を大切にしたほうがうまくいくだとか、これからの時代はペーパーテスト学力より、生きる力の時代だと主張して、アメリカで失敗した子供中心の教育を日本に導入しようとしたものだ。

あるいは、医学の世界でも、とくに高齢者を普段診療している医者の日常経験と、医学者と呼ばれる大学病院の医者の理論の間で齟齬が生じている。高齢者では、一般的に薬を減らしたほうが、患者さんが元気になることが多いのだ。

追跡調査をしてみると、たとえばコレステロール値は正常よりやや高い人のほうが長生きしていたり、ひどい高血圧はともかくとして、ちょっと高めの人の生存曲線は正常血圧の人と変わらなかったりすることがわかった。私が昔いた病院に併設されていた老人ホームでの追跡調査では、喫煙者とタバコを吸わない人の生存曲線でも変わりはなかった。

理論の上では、コレステロール値が低い、血圧が低い、タバコを吸わないほうがいいのに、なぜこんなことが起こるのか？

コレステロール値を例に取ると、確かに心筋梗塞や狭心症のような虚血性心疾患と呼ばれる、心臓の周りの血管の動脈硬化による病気はコレステロール値が高いほど起こりやすかった。ところが、なぜかガンに関してはコレステロール値が低い人ほど起こりやすかったのだ。このように人間の体というのは、いろいろな要素が組み合わさって寿命が決まるので、一つの臓器にいいことをしていても全体にとっていいとは限らないのである。

理論通りにいかないことが多いことがわかっているのに、学者の理論を信じているとどういうことになるのだろうか？

教育の世界では、学者の主張するゆとり教育が日本人の学力をガタガタにした。学力立て直しに頑張っているのは、百ます計算でおなじみの現立命館小学校副校長の陰山英男氏のような現場の先生方だ。医学の世界でも、無駄な薬を減らせば、相当の医療費の削減が可能だ。学者の理論を聞いているから、医療費不足で、高齢者の窓口負担が増えて、貧しい高齢者が医者にかかれなくなっている。しかし、現場の医者が地域医療で頑張っている長野県は、一人当たりの老人医療費が日本一安いのに、男性一位、女性三位の長寿県になっている。

学者がリコウで、現場はバカと思い込んでいる役人やマスコミの連中のバカが治らない限り、バカ学者は跳梁跋扈し、いろいろな分野で日本を混乱させ続けることだろう。

知的謙虚というリコウと知的怠惰というバカ

いずれにせよ、世の中、どんどん新しい発見が生まれ、またインターネットを通じて、新しい発見が当たり前に共有される時代になっている。そうなると、勉強を怠ると、専門家でも素人に負ける時代になっている。そこが知識社会の怖いところだ。

たとえば、私の属する医者の世界でも、前にも触れたことだが、長期のフォローアップ調査を経た標準治療がインターネットを通じて素人でも調べられる。

たとえば、どこの第何期のガンであれば、どの治療法（どこまで切って、どのように放射線治療を行い、どんな抗ガン剤を使うのか）が、五年生存率が一番よかったのかについて、いろいろな長期フォローアップのデータを添えて、アメリカのＮＣＩ（国立ガン研究所）のホームページから調べられる。

医者が不勉強で、こういうガンは大きく取らないとダメだと説明するようなら、アメリカでは即座に訴訟ものだし、日本でもヤブ医者のレッテルを貼られる。

こういう標準治療一つとっても、さらに新しいデータが出ると更新されることになるので、不勉強でいればついていけない。まさに生涯学習の時代が始まっているのである。

そういう背景を考えると、日本の学者の知的怠惰はひどい状態にあるのかもしれない。

たとえば、ゆとり教育にしても、モデルにしたのはアメリカの教育改革である。

もちろん、その教育改革は八〇年代の半ばには、悲惨なほどの学力低下のデータでもって失敗だったと総括されたのだが、なぜこんなものがモデルとなったのだろう。

これはあくまでも私見だが、ゆとり教育を推し進めた学者たちが助教授時代に留学したころ、アメリカではまだ、生徒の自主性を尊重する教育改革に夢がもたれていた。当時の日本は受験競争が激しく、詰め込み教育が基本の時代だったから、それは理想的なものに見えたのだろう。もちろん、教育心理学を含めて、理論的な背景もしっかりしている。

彼らは、後に教授になり、当時の文部省のアドバイザーになっていく。そして、そのときに学んだ学説を披瀝して、文部省はゆとり教育政策に邁進する。教育改革国民会議の議長だった江崎玲於奈氏にしても、自分の子供がアメリカで受けた教育がよかったと、それを手放しでほめたわけだが、これも何十年も前の話だ。

彼らが、留学から帰った後、ちゃんと勉強していれば、アメリカの教育改革は失敗だったとわかりそうなものだが、日本の場合、教授になってしまうと勉強のインセンティブがない。その後、ぜんぜん論文を書かなくても、読みもしなくても、セクハラなどをしない限り、定年まで保証される。

これがアメリカであれば、大学から出る給料はわずかで、自分で研究費が集められないと、食べていけないから大学にいられなくなる。常に勉強や研究が必要なのだ。かくして、二〇年前、三〇年前の理論で一生食べていくどこかの演歌歌手のような大学教授が、文系の学部には、とくに名門大学ほどごろごろしているという状況になっていると言ってよい。

冗談をと言うかもしれないが、最近は、東大教授が定年になってから私立の大学教授として引き取り手が少なくなった（昔は六〇歳で定年になれば、私立大学教授や研究所の所長など引く手あまただったのだが、今はそうでなくなったため、定年を六〇歳から六五歳まで延長している。私立の大学教授が務まらないような人間が、東大教授として居座っているのである）。それだけ東大教授が役に立たないと思われているのだ。

地位にあぐらをかいて勉強をしないようなことは知的怠惰と言われても仕方がない。

これこそがバカ教授の構造であるが、これに役所もマスコミも気づかないから、知的怠惰が蔓延する。

賢い人間をバカにするのが知的怠惰とすれば、リコウな人間には知的謙虚さがある。この知的謙虚さということばは、私の尊敬する榊原英資先生が好んで使われることばだが、まだまだ自分には知らないことがいっぱいあるという謙虚さのことだ。態度が多少でかくても、その謙虚さがあれば、偉そうにする裏で実は勉強しているということも珍しくない。

ついでに言うと、知的謙虚ではない、通常の謙虚さもリコウさを保つには有利に働く。偉くなるほど人にものを聞かなくなる人は少なくないが、実は偉くなるほど人にものを聞きやすくなる。

私にしても嫌いな政治家はごまんといるが、それなりに尊敬できる地位にいる人から、「和田君の心理学の本を読んだけど面白いね。ちょっと教えてくださいよ」などと言われたら、ホイホイとついていくのが人情というものだ。天皇陛下から勲章をもらうのを拒否する人はいても、ご進講のチャンスを蹴る人はまずいないだろう。

ペイペイに頭を下げられるより、偉い人に頭を下げられるほうがはるかに自己愛が満たされるのは洋の東西を問わない。偉くなるほど威張る人より、偉くなるほど上手に頭を下げる人のほうがリコウなのは言うまでもない。

スペシャリストを目指すバカ

日本の学者が外国、とくにアメリカの学者よりバカになりやすいのは、自分で研究費をもってこなくても、親方日の丸でやっていけることや、身分が過度に保障されていることもさることながら、学問の世界以外の社会経験の乏しさも大きい。

OECDの学力調査の結果で、世界でもっとも義務教育のレベルが高いとされているフィンランドでは、教育のカリキュラムや実行法を決めていく国家教育委員会のメンバーは原則的に三年以上の教員経験が必要とされる。

前述のように学問の理論と現実の間のずれが問題になってくる時代には、これまで以上に現場経験や社会人経験が大切になってくる。学者バカではすまされなくなるのだ。

もう一つは、学問が発達してくると細分化だけでなく、統合の必要性も出てくるということがある。

たとえば医学の世界は、その発達に伴ってどんどん専門化、細分化されてきた。かくして、内科がなくなり、消化器内科、呼吸器内科などに細分化され、消化器内科は、肝臓グループ、胃腸グループなどに細分化される。研究室レベルだと、肝臓でもその代謝を研究するグループや肝炎のウィルスの研究をするグループに細分化される。

こうするほうが研究が進めやすいということがあるのだろう。

しかし、一方で人間というのは、相互に影響をしあう有機体でもある。肝臓が悪くなればほかの臓器に影響を及ぼすし、よくなった場合もほかの臓器に影響を及ぼす。ほかの臓器の具合が悪いせいで肝臓に影響がくることもあるだろう。また老化ということ一つとっても、一つだけの臓器だけ老化するということはまずない。

そういう意味で、特に全身が老化している高齢者が増えると、専門のところだけでなく、人間全体を一個の有機体として診られる人が必要になってくる。この手の医療は、地域医療や町医者さんが担っていた部分だ。実際、これが活躍している長野県などは、前述のように、人間を全体として診るので、すべての臓器に薬を与えるわけでないために、一人当たりの老人医療費は日本で最低なのに、平均寿命はトップクラスになっている。

医学の世界では、いろいろな専門を超えて一通りの医学知識を身につけ、患者さんを一人の人間として診るような総合診療医のニーズが急速に高まっているが、よその分野でも同じことだろう。いわゆる学際的と呼ばれる考え方だ。

むしろリーダーの条件は、専門バカより、それを統合できる人になっているのだ。実際、欧米での幹部養成やリーダー養成の方法はその方向で行われている。日本のように係長から課長、課長から部長、部長から取締役という風な直線的なラインでなく、子会社の社長を経験させるのだ。

小さい会社の社長をやると、営業から財務から宣伝まで一通りのことがわかる。かくして、小さな会社の社長が成功すると、もう少し大きな会社の社長、それがうまくいくとさらに大きな会社の社長を歴任させて、最後はその企業の社長が任される。

カルロス・ゴーンなどは、まさにその典型的なルートといえるだろう。

日本では今頃になってスペシャリスト志向が強まっているが、スペシャリストでは特許料やディーリングのコミッションなどで高額所得を得られるかもしれないが、トップにはなれない。日本の会社でもローソンの新浪剛史社長や任天堂の岩田聡社長など、小さな会社を成功させた人間が大きな会社を任されるケースが出てきた。

学問の世界でも、本来ディレクターにあたる人は、もっと広い視野をもっているべきであろう。専門バカでない人間、統合ができる人間がトップになれると、専門家が専門に専念できるし、その研究が実を結びバカが減るはずだが、大学の学長クラスでそれに気づいている人は少ない。彼ら自身が専門バカ出身のバカだからだろう。

文系の発想で生きるバカ

さて、日本という国は文系人間の強い国である。

政治家、そのトップ、企業のトップ、官僚のトップ、など文系の人間で占められている。理系の人間は専門バカが多いから、社会に出ると勝てないのかもしれない。

しかし、現在のように不確実性の時代、何がうまくいくかわからない時代には、これまでの文系的な発想より理系の発想のほうがうまくいくと私は信じている。

私の言う文系発想、理系発想というのは、もちろん出身の学部が文系か理系かという問題でもなければ、数字に強いとか、科学的な発想だとかいう問題ではない。要するにある理論や学者の信者のようになるか、試してみないと、実験してみないとわからないと考えるかである。

たとえば、前述の高齢者のタバコを吸う人と吸わない人の長期予後を比べるという研究にしても、「タバコを吸う人のほうが悪いに決まっている」と思う人にとっては、やる価値のある研究には思われないだろう。せいぜい予想されたことの追試であったり、何年くらい余命が違うのかという興味のレベルとなる。世間で考えられることであっても、実際に試してみないとわからないと考えるから実験をする気にもなるし、意外な結果が出たりするわけだ。これこそ理系の発想の持ち主と言える。

逆に、前に触れた討論番組で、自分が学んできた理論をふりかざして、「そんなことも知らないのか？」というような態度をとるのは典型的な文系の態度である。その理論が現在の日本にあてはまるのかのどうか実験をしようという発想もなしに、その理論が正しいのを自明のことのように話す。精神分析の学会でも、演者があるやり方で治療がうまくいったという話をしたら、フロアから「フロイトをもっとちゃんと読んだほうがいい」というコメントをする偉い先生がいた記憶があるが、フロイトの言うことが何でも正しいと思っているのだろうか？

ここで私が言いたいのは、たとえば後者のケースでは、フロイト流のやり方でなくてもうまくいったのだから、そのやり方は一考の余地があるということだ。ただ、たった一回そのやり方がうまくいったからといって、それを素直に受け入れるというのも理系の発想ではない。精神分析のようなものではおいそれと何十人、何百人に試して、統計上のデータを出すことは不可能であるが、何人か試してみて、この考え方は使えそうだと言うことくらいはできる。少なくとも、こういうトライアルを通じて、たとえば精神分析なら精神分析という学問が発展するのである。ずっとフロイトのやり方を続けているのであれば、学問というより伝承芸のようなものになってしまう。それこそがまさに文系の発想である。

あるいは、経済をどうすればよくできるのかというような問題についても、ある有名な学者の理論に基づいた解決策も、私のような経済の素人が思いついた解決策も、仮説という点では対等で、実験してみなければ、どちらが正しいかわからないと考えるのが理系の発想である。

ただし、理系の人間は数字が使えるという強みもある。先ほど二つの仮説が対等だと言ったが、実際は対等には扱わない。なんでもかんでも試してみる価値があるからといって実験していたのであれば、お金と時間がいくらあっても足りない。実験に優先順位をつけるのがバカとリコウの分かれ目になる。

だから多少なりと理論の裏づけのあるものや成功の確率の高そうなものから実験をする。ただ、それも一般論であって、失敗だと思っていたものでも一応試してみるとノーベル賞をとった田中耕一さんのような大発見をすることもある。

理系の発想、文系の発想というところに話を戻すと、理系の発想の人は情報を鵜呑みにせずに、実際に観察しようとする。

たとえば、若い女性の間でスキニージーンズが流行っているという情報が流れたとしよう。文系の発想の人は、それをいくつかの雑誌で目にしたり、街でそういう女の子を見かけた程度でその情報を受け入れることだろう。

しかし、理系の発想では、たとえば原宿の街で道を歩く若い女性一〇〇人をカウントして、実際に何人がスキニージーンズをはいているか実数を数えることだろう。もちろん、統計数字を見て、スキニージーンズの出荷数をつかんだり、その伸びを見るという方法もある。実際に観察するのが優れているのは、そのジーンズは、どの年代の、どのくらいの所得クラスの人がはいていて、どんなファッションを合わせているかの副次情報も得られるからである。

ちゃんと観察し、仮説を立て、実験し、その結果のよしあしで判断を下す理系型発想の人と、情報を素直に受け入れ、理論を素直に信じる——たとえば、一流とされるマーケッティング・コンサルタントの理論に感心して、素直に言うことを盲信し、業績が悪くてもいつまでもコンサルタントを代えない——人とでは、正解のない時代には、どちらがリコウで、どちらがバカかの想像は難しくない。

数字でものを考えられないバカ

判断を誤るバカという点では、情緒や感情に流されて数字でものを考えられないというのもバカと言ってよい。

たとえば、一九九七年に一四歳の少年による連続児童殺傷事件が起こった。被害者の男の子の首を校門にさらすというセンセーショナルな事件の犯人が実は一四歳の少年だったことがわかって、今の一四歳は怖いというのが世間一般の強い印象になった。その後、河合隼雄氏を座長とした「心の教育緊急会議」なるものが発足し、「子どもの理解」と「心の教育」ということが高らかに謳われた。

このような対応が悪いとか、バカだとか言っているわけではないが、少なくともたった一件の事件で子供全体がおかしくなったという論じ方はあまりに数字を無視している。

実は、この九七年という年は戦後で四番目に少年による殺人の少なかった年で、前の年と比べても二割以上、殺人が減っている。取締りの強化や心の対策の成果で、犯行の起こった五月以降の殺人が減ったと思われるかもしれないが、翌年は五六％も少年による殺人が増えている。それに対してやはり子供がおかしくなっているからだと言う人がいるといけないので、その後の統計を追うと、むしろ殺人は減少傾向なのである。

子供全体の心の問題や教育の成果を見る際に、数字に基づいた議論をしないと、少なくとも国全体の方向性を決められないのは言うまでもない。しかし、このような数字をまったく無視した議論が横行しているのである。

先日も、奈良の名門校の男子生徒が、自宅に放火し、継母と腹違いの弟妹二人を殺害するという痛ましい事件が起こった。私自身も、精神科医としてテレビや雑誌にコメントをかなり求められたが、この際に感じたのは、私が精神科医である以上に、名門進学校から医学部に入学した人間であり、受験の世界に詳しいという側面を見られたようだ。

そして、質問の多くは、名門校にいる人間のメンタルヘルスや医者になれという親のプレッシャーについてである。実際、これに不安を感じた親御さんも多かったようで、ほうぼうの名門校で、この話題が深刻に語られたようだ。

ここでも数字で考えてほしい。東大合格者数のベスト20に入るような名門校の一学年の生徒数は合計で約六〇〇〇人になる。これは現在の同じ学年の生徒数の約二〇〇分の一である。小学生による殺人事件は無視できる数字であるから、少年による殺人事件のすべてを中学生以上のものとすると、東大合格者ベスト20の学校はほとんどが中高一貫校だから、その二〇〇分の一以上が、これらの学校の在校生か、卒業した後二〇歳までの間の人によるものであれば、彼らのほうが一般人口より殺人を起こしやすいということになる。

現在、年間一〇〇件の少年による殺人事件が起こっている。すると、二年に一度以上、そういう学校の在校生か卒業生による殺人が起こっていないと彼らのほうが危ないとは言えないのである。

結論から言うと、この二〇年間、こういう学校の生徒による殺人事件はほかになかった。つまり一般の子供たちより、彼らのほうがはるかに安全なのである。

医学部受験生にいたっては年間一〇万人にのぼる。複数受験者がいるにしても一学年三万人は下らないだろう。これは同学年の四〇人に一人くらいになるので、彼らが一般より危なければ、毎年二件くらい彼らによる殺人事件が起こるはずだが、これも一〇年くらいはそんな話は聞かない。

逆に同年代の五%にも満たない中卒者と高校中退者によって、少年院に入るレベルの犯罪の八割が生じている。数字で考えれば、子供にハードな勉強をさせたり、医学部受験に仕向けたほうが「安全」なのである。

数字に振り回されるバカ

一方で数字に振り回されるバカというのも確かに存在する。

単純な例では、検査データに一喜一憂する患者さんなどはそれに当てはまるだろう。もちろん、患者さんのほうはプロではないので、検査データが正常でないとか、血圧が高いとか言われると焦るのは尤もなことである。

しかし、プロである医者はそれではバカということになる。

もちろん、異常値であれば絶対にまずいデータもあるだろう。しかし、血圧などは動く数字であり、緊張のためか、医者の前でだけ高くなる人さえいる。また特に高齢の患者さんであれば、前述のように多少高めでも、寿命に大きな影響を及ぼさないことがだんだんわかってきている。またほかの検査データと考え合わせて、その異常値の意味も違ってくるだろう。

そういう点では、医者のほうが数字に振り回されているようならバカということになるだろう。あるいは、大事な数字とそうでない数字の優先順位をつけられないのも、バカと言われても仕方がない人たちだ。

数字に強いつもりの人が数字に振り回されてバカになることもある。要するに、数字できちんと現れたデータしか信じられないバカである。

統計学のことばで「有意な」という言い方をすることがある。要するに、偶然とはまず考えられない意味のある数字という意味で、有意差というと、それだけのはっきりした差がつくということである。

たとえば、タバコを吸う人と吸わない人で、平均寿命に差があったとしよう。しかし、五人ずつを比較したというような場合、よほど大きな差がつかない限り、サンプルが少なすぎて偶然の差じゃないかといちゃもんをつけられることがある。しかし、一〇〇〇人ずつくらいを比べたデータの場合は、差がかなり小さかったとしても、もっと大人数で比べてもまず逆転の目はないよという意味で、明らかにタバコを吸わないほうがいいというようなデータが出る。これが有意差というものである。

おおむね日本の研究者というのは有意差が出ると、喜ぶ。動物実験であったとしても、何か試した結果が統計的に、まず断定していいということになるからだ。

たくさんの数同士で比べやすいし、短期で結果が出やすいから、論文をたくさん書きたい人は医学の世界でも動物実験に走るのは当然の流れと言える。

しかし、統計には現れないが、このような方法のほうがよさそうだという仮定をすることはときに医学を進歩させる。とくにわれわれ精神医学の世界ではそうだ。フロイトのやり方で精神分析をした場合に、患者さんがそのほうがよくなるかどうかについては、同じぐらい具合が悪くてフロイトのやり方ではない患者さんと、大人数で比較できる長期のフォローアップ調査はまずできない。アメリカでは無理をしてそれをやった研究もないわけではないが、かなり多くの精神分析医の協力がないとできない。

そのために、精神分析の学会では、うまくいったケースをもちより、このやり方がいいのではないかというような提起がなされるし、人によってはそれを本にして、そのやり方をまねる医者がだんだん増えてきて、その治療テクニックが普及するという歴史を繰り返してきた。統計で証明されているわけではないが、そのような長い歴史を経て、治療テクニックがソフィスティケートされてきたし、前よりは治るようになったり、治療中におかしくなる人が減ってきたわけだ。

これは精神分析に限らず、多くのカウンセリング治療の発展の方向性である。一人一人患者さんが違うのであるから、症例の検討を積み重ねていって、テクニックが進歩していくのである。

実は、私は東北大学の老年内科で外来治療に通っていた時期がある。内科出身の教授なのに、高齢者は心の問題が大切だという考え方をもっておられるのに共鳴して、手伝うことにしたのだ。

何年か通ううちに、その教授が私に何らかのお礼をしないといけないと思ったのか、東北大学で博士論文を出して医学博士にならないかという提案をしてくれた。

ただ、私は研究らしきものをしていない。実験室に所属しているわけではないし、統計データを取る場もなかった。もとより私の専門は高齢者の精神療法なので、ケースの積み上げはあっても、統計的に有意差が出るような研究のしようがないのだ。

教授は、そういうケースをまとめて論文にすればいいという。精神科の教授が主査になるはずだから、統計的な方法論ではできなくても、内容がよければ通してもらえるだろうというのだ。実際、そこの教室にいる人に聞くと、東北大学の場合、学位論文は年に一人落ちるか落ちないかなので、落とすことはないだろうという話だった。

私のほうも高齢者の精神療法、とくに精神分析的なアプローチの経験を積み重ねていって、治療がうまくいくようになって自信もついてきたので、それを論文にまとめてみるのも悪くないと思った。

結果的に、その論文は、その年落とされた唯一の論文となった。

統計的な処理をしていないので、論文ではなく論説だというのだ。

論文の質については自分では言いづらいが、少なくとも、アメリカでもっとも人気のある精神分析の流派である自己心理学の国際年鑑に日本人としては二つ目に採用された論文となった（実は一つ目も私の論文なのではあるが）ことだけは確かだ。国際的に認められるような論文を書いても、数字の裏づけがないと論文と見なさない。主査だったのは、佐藤光源という東北大学の教授だった。そんな人間が心のケアも大事だと主張して日本精神神経学会の理事長にまでなったのは、言うこととやることがあまりに違うと言われても仕方がない。自分が精神療法を勉強したことがないのか、論文を読めないのか知らないが、自分たち生物学的精神医学の立場にいない人間をこういう形で弾圧するのかと、仕組みがよくわかった気がした（現実に日本の精神科の医局は約八〇あるが、七〇以上はこのような生物学的精神医学の人が主任教授となっており、カウンセリングもろくに習えないままな精神科医になる人が実に多いことだけは書き添えておきたい。数字至上主義の弊害というのもあるのだ）。

統計の有意差が出ないような学説は、科学的でないし、必要のないものなのだろうか？

たとえばフロイトの無意識の発見は、あくまでも仮説であるが、そのほうが心の成り立ちがわかるのは確かなことだろう。あるいは、フロイトは一人一人で夢の意味が違うなど、患者の心の個別性をはじめて問題にしたアプローチを編み出し、現在の臨床心理学の基礎を作ったが、これだって統計に乗るものではない。私の高齢者の自己愛を支えるという精神療法のテクニックにしても、統計には出ないが、おそらくは有効なアプローチだと信じている。

統計で証明される数字しか、信じられない、科学的でないというのは、いろいろな便利な経験則を無視する、あるいはカウンセリングのような証明がしにくいものの価値を無視することにつながりかねない。統計的に有効と証明されている薬だけを使ってカウンセリングを一切やらなければ、患者がなかなかよくならないのも事実なのである。

問題〝発見〟能力と問題〝解決〟能力

統計数字にこだわりすぎると学者としてもリコウになれない。二流のままということもある。私は、日本人に創造性がないとか、ノーベル賞が取れないとかいうことに原因があるとすれば、仮説をバカにするということが大きな問題なのではないかと考える。

学問の世界では、仮説を立てる人と、それを証明する人が別であることは珍しいことではない。フェルマーの定理は三五〇年もかけて証明されたとされるが、これにしてもフェルマーは証明したわけでなく、仮説を立てただけだが、数学の歴史でこの名前が消えることはないだろう。

日本人だって、すごい仮説を立てた人がいないわけではない。

湯川秀樹がノーベル賞を取ったのは、中間子というものの存在を予想したことが受賞理由である。中間子の存在を湯川氏自らが証明したわけではない。

実際、ノーベル賞の多くはこの手の仮説に与えられている。仮説を打ち立てるのは、それを証明する以上にオリジナリティが必要だと考えられているからだろう。

しかし、日本の学者は、前述のように統計上の有意差のようなものや、それを証明するようなことが大事だと考えるから、なかなか大発見ができないのだろう。仮説を、一切学問として認めないという点がバカにしか思えないのだ。

認知心理学の世界では、問題解決能力の高い人がリコウで、そうでない人がバカということになっていたが、知識社会においては、それ以上の能力が求められる。

それが問題発見能力である。

要するに与えられた問題を解決するというのでは、コンピュータが進歩してくると人間は勝てなくなる。むしろ、部下やコンピュータに問題を与えられる人、問題を作れる人、つまり問題発見能力のある人のほうがリーダーになれるというわけである。知識を通じて、自分で富を生み出していけるオリジナリティのある人とは、要するに問題発見能力の高い人なのである。

もちろん学術論文の場合、自分で仮説を立てて、それを実験して、統計上の有意差を出すなどして証明をするという作業を行うので、問題発見能力を必要とされないわけではないのだが、証明できなければ論文と認めないという姿勢では、ほかの人の発見に似たような、証明をしやすい問題を作りがちになる。いわゆる改良論文である。この手のオリジナリティのろくにない論文の粗製濫造が目立つのは、論文の数を揃えれば教授になれる、博士になれるという日本の大学院以降の教育の問題点と言えるかもしれない。あるいは、このような証明主義のせいで日本は人文科学系の博士になかなかなれない。そのためアジアの優秀な留学生が簡単にＰｈＤをくれるアメリカにみんな留学してしまう。

大学をバカの集合にしないためには、「仮説」を立てることのほうが証明よりよほど大事だ、つまり問題発見能力のほうが問題解決能力より大切だというパラダイムの変化にもう少し対応したものにならないといけないだろう。

ところで、問題解決能力はまじめな人のほうが高いが、問題発見能力は好奇心の強い人のほうが高いことが多い。何でも面白いと感じ、何でも興味をもつという人のほうがユニークな問題を見つけるというのは、想像に難くないことだ。あるいは、学問の世界に閉じこもっている人より、実社会の経験のある人のほうが問題発見のチャンスは多いだろう。医者の世界であれば、研究室に閉じこもっているより、臨床をしっかりやっているほうが「あれ、変だぞ」と思うことが多いだろう。

問題発見能力が大切な時代には、このようにさまざまなパラダイムの変化が起こる。そうなった際に、私は世の中がもう少し寛容になってほしいことがある。それは、スケベな人間に寛容になってほしいということだ。

というのは、好奇心というのは、多くの場合、いろいろな方向に向かうものだからだ。

私は知的好奇心が高い人間が、ほかのことに好奇心をもたないことはないだろうし、性的な好奇心だけ低いレベルであることはそうはないと思っている。学者や医者にスケベが多いというのは、そういう理由なのだろう。実際、私も同類なのだろうが、周りの文化人と言われる人、知識人と言われる人を見る限り、その実感が強い。話の面白い人ほどスケべなものだ。

だから、私はスケベがバカとは思わない。皆とは言わないが、スケベな人のほうがリコウな人が多いと思うし、これからの時代はなおのことそうだろう。

スケベな人がバカになるのは、ミラーマン元教授のように法律を犯したり、そのスケベが強迫的になる、つまりやめられない止まらない状態になるからであって、合法の範囲内で、研究のときや仕事のときにはスケベがやめられるのなら決してバカではない。

だから、法律を厳格に適用するのは大切なことだが、私生活をぐちゃぐちゃつついたり、批判するのは、国の発展のためにならないとしか思えないのは私がスケベだからだろうか？

少なくとも、問題発見能力が必要な時代には、私はスケベなスタッフと仕事がしたい。

これからは試行力がものを言う

ただし、私は、学問の世界はどうか知らないが、一般の社会では、問題発見能力が高いだけで成功者になれる、つまりリコウになれるとは思わない。

問題を発見したら、たとえば「なぜ、この手のものがまだないのだろう。あればきっとみんな使うし、売れるだろう」と思ったら、それを空想として膨らませるとか、人に発表するのではなく、実際に試してみるということがないと成功にはつながらない。

現在は、そういう意味では小資本で試しやすいことが増えている。

たとえば、インターネットをうまく使えば、たいした宣伝費をかけずに、いろいろなことのレスポンスを得ることもできるし、広く知られることも可能だ。

しかし、実際やった人だけが成功者になっていることだけは確かだ。

多少ITに強い人に聞くと、「僕だって検索エンジンのことは考えていました」「ネットショッピングなら僕も考えていたよ」などという人は多い。おそらくシステムの構築はその手の人にはそんなに難しいものではなかったのだろう。

しかし、それを実行に移した人が巨万の富を手に入れ、「俺でもできた」という人が、並みのSEで終わっているのも確かなことである。今の時代には、実行力がこれまで以上にものを言うのだろう。

これについて、私は試行力ということばを使っている。要するに、頭の中で考える思考力より、実際に試してみる試行力のほうが大切になるということだ。やってみなければ答えは出ないし、成功もできない。まさにこれは前述の理系の発想そのものである。

ついでに言うと、私はこの試行力を支えるものが知的体力というものだと考えている。

要するに、あれこれ試す内容や仮説を考え付く知性や問題発見能力（知的体力の知のパート）、次にそれを試す体力、だめなら別の仮説を試してみる体力（知的体力の体力の部分、これは経済的な意味での体力、つまり財力も含む）、そして一つ目の仮説がだめでも、あるいは二つ目の仮説がだめでも、めげずに頑張り、試し続ける精神力（知的体力の精神面）。この三つの要素がきちんと働いてこその知的体力であり、試行力である。

昔は慎重な人間がリコウで、なんにでも手を出す人間のほうがバカのように思われていたが、今ではあれこれ試す人間がリコウで、不安になって一歩を踏み出せない人間がバカになりつつある。こういう点でもバカとリコウのパラダイムが変わってきているのだ。

たとえば、昔はアメリカのまねをしていたら、社会も発達したし、ビジネスもうまくいった。先行企業やヒット作のまねをしていれば、それなりに成功は収められた。しかし、今はそうはいかない。だからこそ、ここまで述べてきたような理系の発想、問題発見能力、試行力、知的体力が、バカかリコウかを決する時代になってきたのではないだろうか？

疑わないバカと疑いすぎのバカ

ただし、私は成功者のマネをすることが悪いとか、バカだと言っているわけではない。それで必ずうまくいくとは限らないことを自覚してほしいと言いたいだけだ。

実際、成功者のマネをするのも試行の一つのバリエーションである。確率の高いものから試していくという理系の発想でいけば、むしろ成功者のマネをするのは、一番プライオリティの高い試行と言えるかもしれない。

勉強法や仕事術などを試す場合などは成功をしている人のマネを試してみたほうが効率がいいのは言うまでもない。私が言いたいのは、それが絶対うまくいくと信じるのがバカだということで、うまくいかなければ別のやり方を試してみるのが試行力であるし、リコウのすることなのだ。

たとえば成功者のマネをするにしても、ちょっと改良してみると成功者より強くなるかもしれない。これだって試行であるし、リスクが少ないという点や、成功したものより勝っている点でリコウそのものである。

たとえば、タリーズコーヒーはスターバックスのマネのように思われるかもしれないが、タバコが吸える場所があるという大きな違いがある。日本人の場合、喫茶店にタバコを吸いに来ている人が多いのだから、こっちの店に入りたくなる人は少なくないだろう。これはマネでなく、試行の一種である。

このように手本を間違えなければ、それを真似る、あるいはちょっと改良を加えた試行というのは、もっともリコウな種類の試行ということになる。こういう「改良」をカイゼンという名で重ねてきたことで、世界一のトヨタがあるのだ。

問題は、手本に憧れすぎて、その欠点が見えなかったり、あるいは真似るべき手本を間違えるということがある。

たとえば、スターバックスを真似るにしても、禁煙の部分に憧れて、そのほうが女性客が入りやすいはずだというような試行をした場合、もちろんうまくいくかもしれないが、ほかにスタバの欠点が見つけられなければ、「改良」はままならないだろう。

真似るべき手本についてもそうだ。

日本は長らく構造改革をアメリカを手本にして進めてきた。そのほかの改革も基本的にはアメリカを目指すことが多い。

確かにアメリカは世界でも成功した国の一つであるが、アメリカ型にしてほかの国が成功しているかを検討しないと、アメリカ型の改革がうまくいくとは限らない。

イギリスはアメリカ型の改革をしてうまくいった国とされるが、昔が悪すぎたために一定水準まではうまくいったかもしれないが、現在、ヨーロッパの中で決して経済がうまくいっている国に数えられているわけではない。

たとえば、一万一千人もの研究者や経営者が評価する世界経済フォーラムの国際競争力ランキングの上位国を見ると、アメリカを除くと北欧諸国が非常に強い。昨年までは一位は三年続けてフィンランドだった。本年度から新指標が導入されて一位がスイスになったが、二位はフィンランド、三位スウェーデン、四位デンマークでやはり北欧諸国が強い。アメリカはその後塵を拝して六位についているのが現状である。

これらの国は九〇年代初頭に非常に経済状態が悪く、ソ連の崩壊もあいまって、社会主義はダメだ、福祉のやりすぎはダメだの例に挙げられ、日本はアメリカ型の規制緩和、市場原理・競争原理重視、低福祉の方向性に進んでいった。しかし、なぜかこれらの国々の経済は回復し、アメリカよりむしろ強くなっている。日本は株価は多少回復したが、国際競争力、経済成長率などは、まだまだいまいちの状態だ。

日本がこれからもアメリカを手本にし続けるのは間違いとは言わないが、アメリカ型を盲信したり、アメリカ型以外にうまくいっているモデルがあることを知らなかったり、あるいは野党も含めてアメリカ型以外の選択肢を用意できないのであれば、やはりバカと言われても仕方がない。

そして何よりも大切なのは、時代というのは時々刻々と変わるものであり、いつまでも昔の常識にしがみついていたら、あっという間に時代遅れのバカになるということである。だからこそ、今は、たとえば手本にしている国や人やもの、あるいは常識と言われるものを疑える能力が必要とされる。常識がいつまでも続くと思っていたらバカになってしまうのだ。逆にちょっと常識を疑う能力があるだけで、現行のバカ学者に勝てるオピニオンリーダーにだってなれるかもしれないし、ビジネスにしても常識を疑うことでリコウになれるチャンスは広がる。

ただ、私は健全な猜疑心を持てといっているだけで、何でもかんでも疑ったり、疑いすぎるのもよくない。

精神医学の立場から言わせてもらうと、疑いすぎは妄想の始まりである。たとえば奥さんの浮気を疑うにしても、根拠もなく疑うとむしろ夫婦関係は悪くなる。周囲の人間に対して過度に疑り深いのも、孤立の原因になる。さらに、証拠もないのに疑いをエスカレートさせていくと、「あいつは俺を殺そうとしているに違いない」などと妄想に発展していくのである。

常識を疑うことは、常識を否定することでもなければ、常識とま逆なことを言うことでもない。それこそがまさに二分割思考の考え方である。常識に対してほかの可能性を想定して、どちらが正しいか選択の余地を残すことなのである。つまりアメリカ型の改革を疑う際に、アメリカ型を全否定する必要はない。改革という場合に、これまでのものを全否定する必要はない。よいものは残し、うまくいかないものはほかの可能性を想定する、たとえば、ヨーロッパ型、北欧型も検討に入れることなのである。

疑いすぎというのは、疑いにすぎないことを事実のように感じて、ほかの可能性を考えられなくなることである。「妻が浮気をしているかもしれない」という場合、そうでない可能性、つまり浮気をしていない可能性を考えないと、言ってはいけないことまで言ってしまうかもしれない。「浮気をしているに違いない」という形になると、浮気を疑う能力はあっても、浮気をしていないことを疑う能力がなくなっているという点で、疑えないというバカ状態になっているのだ。

厳密な意味での科学の世界では、どんなことでも疑えることになっているそうである。たとえば、今生きている世界が本当に実在するのか、ただの夢や幻想なのかの証明はできないとのことだ。しかし、そんなことまで疑っていたら、生きていることに疲れすぎて、やはりバカ状態になってしまうだろう。

あるいは、私の言う理系の発想にしても、ある実験をしてその仮説が正しそうだということになったとしても、それは当面その仮説が使えるということであって、証明されたわけでない。先々、別の実験をすれば覆される可能性もないわけではない。しかし、有意差が出るということは、その可能性が低いということなのだから、いつまでも疑って行動に移せないのなら、ビジネスチャンスなどを失ったり発表の機会を失って損をするから、バカということになる。逆に疑わずに使っていたほうが、たとえばビジネスの世界では得をするし、そのほうがリコウということになる。

また、世の中には、やはり疑ってはいけないことがある。

「人殺しはなぜいけないのか？」というのは、やはり疑う余地のないことである。そんな疑問に答える必要はない。「それ以外にあり得ないだろ」でいいのだ。疑ってはいけないことを疑うとやはりバカということになる。ただ、気をつけておきたいのは、この手の疑ってはいけないことは決して多くないことだ。

複眼思考を身につける

何度も言うようにバカというものは一つの尺度で測られるものではなく、いろいろな角度でバカが存在するのだ。ある方向から見てリコウでも、別の方向から見ればバカということはざらにある。

あるいは、立場によっても違う考え方があり得るだろう。

以前、デノミ論議というものがあった。一〇〇円を一円になるように、通貨の単位を変えると、大体一ドルと一円と一ユーロが揃うという単純な理由以上に、そうすることで経済が活発になるということだった。その根拠は、これまで一万円だったものが一〇〇円になるので、心理的に安くなった気がして消費が促進されるというものだった。

これに対して、私はこんな疑問を投げかけたことがある。

「でも、毎日貯金通帳を見ている人にとって、一〇〇〇万円が一〇万円になるのだから、もっと金をためなきゃと思うようになるかもしれない」と。

要するにコインには両面があり、どちらの面が出るかはやってみないとわからないのである。そのために、両面を想定に入れておかないと、ひどい目にあいかねない。私の疑問が当たるかどうかはわからないが、それを想定しておくだけで、対策の余地が出てくる。

だからなるべくいろいろな角度から考えるに越したことはない。

この手のいろいろな角度から、いろいろな立場から考えることは複眼思考と呼ばれるが、確かに単眼的な考え方より、バカになる確率は下がる。

一つの方向、一つの角度から考えているのでは、当たったときはいいかもしれないが、そうでないときのダメージが大きい。

ユニクロの柳井正社長兼会長が、一勝九敗でも勝ちが大きければ成功者になれると語っていたが、まさにその通りだと思う。むしろいろいろな試行をすれば、負けの数はどうしても増える。しかし、それでも生き延びるためには、負けをなるべく小さくしなければならない。そのために、なるべくいろいろな角度から検討し、いろいろな負けの可能性を想定しておき、その損を見積もったり、その対策を用意しておく必要があるのだ。

試行力とは、このような負けの可能性の想定もセットとなる。そうでないと、大博打となって、次のことが試せなくなる。

大負けさえしなければ、多少負けても、バカということにはならない。最後に笑い、最後にリコウになるためには、いろいろな可能性を考えられる複眼思考をもっていたいものである。

第六章 バカに見える人の構造

リコウであってもバカに見られたら終わり

さて、現在のような能力社会になってくると、周囲の評価が低い人間がそのままクビとか収入減につながりかねない。逆にリコウに思われることで、思わぬ昇進や昇給のチャンスが増してきている。つまりバカに見えると損な時代、バカに見えることそのものがバカになってしまう時代がきているということだろう。

ところでバカであることと、バカに見えることはやはり別物である。

本当はリコウな人なのに、周囲からはなぜかバカに見られる人もいれば、実際はかなりバカの定義に当てはまる人なのに、周囲の人にものすごくリコウな人だと思われているというケースは少なくない。

バカに見られると損な時代だからこそ、この違いを検討する必要がある。

バカに見られること、バカと思われることもバカの一種なのだと考えて、その原因を分析してみたい。

威張る人はなぜバカに見えるのか

ここまで読み進めてきて、著者のことを、自分がよほどリコウだとうぬぼれている、こいつこそは本当はバカなのではないかと思った人もいるかもしれない。

おそらくは、それは私がこれまでの文章で偉そうにしていると思われたからだろう。

私自身は、考える素人のほうが、考えない物知りや専門家よりましと思って、どういう人間がバカで、どういう人間がリコウかをいろいろと考えてきたつもりだが、それなりに立派な人をバカと言ったり、自分のことをリコウと言っているように感じさせたかもしれない。それが傲慢な印象を与えた可能性もあるだろう。

さて本題に入ろう。

人間というのは、多くの場合、威張っている人間、傲慢な人間をバカだと思いがちなものである。2ちゃんねるなどで叩かれるのも、多くの場合、その手の人たちで、不愉快に思われるから揚げ足取りのような批判をされるわけだし、バカ扱いもされるわけだ。

これは何故なのだろうか?

精神分析の考え方では、人間は自己愛を傷つけられたときに腹が立つ。激しい攻撃性が生じる。要するに威張られたり、偉そうにされたりすると、自己愛が傷つけられるから、その相手に不快感をもったり、攻撃性が向かったりするのだ。

ところが、前にも触れたように、人間の認知、推論というものは気分や感情によってかなり左右される。好感情をもつ相手に対しては能力以上に高い評価を下しがちだし（これが「あばたもえくぼ」現象である）、不快な相手には低い評価を下しがちになる。つまりその人にとってはバカに見える。かくして、威張る人間は、多くの場合、能力よりバカに見られがちになるのである。

ただし、何度も言うように、人間というのは個人差がある。

威張るような人間、偉そうにする人に不快感をもたないで、その人の力強さに逆に惹かれたり、理想化することもある。この場合は、実力以上にリコウに見えることもある。

石原都知事のような人の場合は、このようなベクトルが働いているのだろうし、私の観察するところ、日本人のパーソナリティが変わってきて、昔より、偉そうにしている人が僻まれたり、嫌われたりすることは減ってきているようだ。もちろん石原氏の場合は、偉そうにしていても、嫌われないような人徳だとか、特別のパーソナリティがあるのかもしれないが。

むしろ、威張る人、偉そうにする人が損なのは、人にものを聞こうとしないで知的怠惰につながりかねないことや、裸の王様のようになりかねないことだろう。

いずれにせよ、無用な形で偉そうにするとバカに見られる可能性は低くない。能ある鷹は爪を隠す時代は終わったのかもしれないが、必要以上に偉そうにしていると損する文化は残っている、ということを知るのも、リコウのすることだろう。

論客がバカに見えるとき

ところで、議論の場、ディベートの場などは、バカとリコウがはっきりわかる場とされるが、現実生活ではそうでないことが多い。

さまざまな形で理論武装をして、あるいは裏づけデータなどを準備して、完膚なきまでに相手を論破したときに、確かにその人はリコウそうに見えるし、論破されたほうはバカに思われるかもしれない。

しかし、現実にはそうでないことも多い。

やっぱりあいつは言いすぎだとか、あそこまで言わなくてもという形で、いやな奴に思われることも珍しくない。本書で問題にしているように、適応が悪い、結果が悪いというのは、バカということになるので、論争には勝っても、社内世論のようなもので嫌われてしまうと、論争に勝った人の提案のほうがボツになるようなことだってあり得る。

要するにギャラリーを味方につけられなければ、理論上は論破できても論争に勝ったことにならないのだ。

知性が嫌味に見えるような人は、やはり見せ方がうまくない、バカということになる。

あるいは、論争相手だけでなく、ギャラリーにまで「あなた方、こんなことも知らないのですか」というような態度をとって、ギャラリーの人たちの自己愛を傷つけているのかもしれない。

自己愛を傷つけた相手に対しては、前述のように攻撃性が高まるので、ついついその人の批判をしたくなる。その論争で勝ったとしても、その後、少しでも論理にほころびがあるような場合に、それが見破られたりする。ギャラリーの自己愛を傷つけていないのであれば、そのまま勝った形でときが流れていくのに、そうでないとその後に余計な監視役をつけてしまうことになるのだ。

もっと言えば、大勢の前で論争に敗れた人間の自己愛の傷つきははるかに大きい。下手をすると、その後もずっと恨み続けるということもあり得る。テレビ番組などの論争では、相手を徹底的にやっつけても、その人とそうそう会うこともないだろうが、会社のような場合は、ずっとその人が社内に残っているのである。

すると、いろいろな形で、その人が自分の足を引っ張ることも考えられるし、前述のケースのように、その後もずっと、その議論のことを考えていて、後になって欠点をつついてくることもあるだろう。

知性の見せ方を考えなかったり、相手の自己愛を保つ、つまり面子を立ててやるという考え方ができないと、ディベートには強いがいやな奴と思われたり、論争に勝ったのに、提案が採用されなかったりする。つまりバカとしての扱いを受けるのだ。

テレビに出るとなぜかバカに見える人

知性の見せ方という点では、私自身、反省することが多いが、書いているものを読んでいる限り、かなり知的な人なのに、テレビに出ると賢そうに見えない、逆にバカに見られてしまう人がいる。

私個人の経験から言わせてもらうと、同じくらいの知的レベルであっても、確かにテレビ向きの人間と、そうでない人がいるようだ。テレビというのは、ある意味で陸上にたとえれば短距離競走のようなところがある。反応性がよかったり、瞬発力があって、五秒で秀逸なコメントを出せるような人が賢そうに見える。

テレビ・タレントとはよく言ったもので、この手の能力は、ある程度経験や場数によって鍛えられるところはあっても、やはり才能（タレント）の有無が大きい。

旧来型の知識人とか文化人と言われる人たちは、どちらかというと長距離走の人なのだろう。ある程度考える時間がもらえれば、それなりに優れた原稿も書くし、聞かれたことにも、よい答えを出せるのだろうが、とっさのレスポンスがいいとは限らない。オリンピックでも一〇〇メートルとマラソンを同時に制した人がいないように、違うタイプの才能――後者のほうが生まれつきのセンスのよさより努力や勉強でカバーできる――なので、両立するほうがむしろ珍しいのかもしれない。しかし、コメントを求められても、なかなか答えを出せないようなら、視聴者からはバカと思われてしまう。

パーソナリティの問題もある。断定調で自信満々にコメントを出す、一種自己愛性的なパーソナリティの人のほうがリコウに見えるし、説明が頼りないとバカに見えてしまう。

知性が邪魔をするというケースもある。

テレビの側としては、たとえば犯人の心理を決めつけてほしい。しかし、多少なりと精神医学や心理学をかじっていれば、人間の心はそう単純なものではないとわかっている。いろいろな可能性を列挙したいのだが、答えが絞れないとか、回りくどいとかで、説明の迂遠な人のような扱いを受けることもある。

あるいは、前の章で述べた理系の発想をする人は、いろいろな学説があったとしても、それを仮説としか考えないし、試してみないとわからないと考える。養老孟司先生の名著『バカの壁』でも、「CO_2の増加による地球温暖化」というところを、「CO_2の増加によると推測される地球温暖化」と書き直したら(これこそがまさに私のいう理系の発想で仮説や科学的推論と科学的事実は違うという考えによるものだ)、即座に役人から文句を言われたエピソードが紹介されているが、いろいろな学説を「フロイトはこういう風に言っている」とか「フリードマンが言っているように」と、科学的事実のように語る文系的発想の学者のほうが、教養があるように思われがちだ。

そういう点で理系の人間は、テレビの世界では損かもしれない。

大学の先生でも文系の人間はいろいろな人の話が豊富にちりばめられるが、理系の先生の話は、そのような明快さやたとえ話や薀蓄が少ないのだろう。菊川怜さんという東大卒のタレントがいるが、たしかにテレビでバラエティ番組に出ていてもシャープさが感じられない。「東大の割にぱっとしないな」と思う人も少なくないだろう。慶応の医学部にも受かっているし、東大の中でも建築学科に進学したところを見ると理系科目はかなりできるはずである。「勉強ができても」という問題ではないように私には思える。やはり文系の、たとえば同じ東大卒でも高田万由子さんのような人のほうが、話がうまいし、教養を感じさせる。彼女は帰国子女だからなおのことなのだろう。

私自身は、文系の人のほうがテレビ向けで、テレビで賢そうに見えるが、日本人がますます単純思考、文系型思考になっていくのを促進してしまうという点で危険だと考えるが、それがテレビの特性なのだろう。

〝賢そう〟にはワケがある

テレビ向けでない人間が、テレビで賢そうに見せることができるかという問いに対しては、私はYESでもあり、NOでもあるという立場だ。もちろん、私自身については、自分もテレビ向けでないと考えている。本書で書かれているような回りくどいロジックはもっともテレビで嫌われるパターンである。

NOというのは、テレビのために自説を曲げたり、あるいはテレビ用に断定口調を多用したりするというキャラクターを演じるというのは、メンタルヘルスにあまりよくないし、逆に知的な人の間で評判を落としてしまうことがあるからだ。テレビ以外に本業がある人にとっては、それはときに危険なことになる。たとえば、本を読む人間は、そういうテレビに出る人の薄っぺらさがわかっているのだろう。テレビの有名司会者やコメンテーターが本を出しても意外なほど売れない。

もちろん、自分を売り出すために、割り切るという人もいるだろうし、それが正しいとか間違っているとか言うつもりはない。ただ、役者でもない人間がテレビ用に自分を偽るという行為が、そんなに簡単ではないということを私の経験から言いたかったのだ。

ただ、多少のリカバーはできないわけではない。

一つは、きちんと準備をしておくことだ。

『朝まで生テレビ!』に私がよく出演していた頃、名うての論客がいたのだが、その人について、別の出演者から面白い話を聞いたことがある。「彼は、これまでの自分の出演シーンを全部ビデオに録《と》って、いつもそれを見ながら予行演習をしている。あいつには勝てない」と言うのである。

確かに事前に準備していったり、想定問答を用意していったりしておけば、少なくともいきなり発言を求められる場合より、スムーズに回答ができるし、賢そうに見えるだろう。

その論客に限らず、頭がよく、当意即妙なコメントが出せると見られている人には、けっこう勉強家の人や予習をしてきている人は多い。ふまじめにしか見えないコメディアンが、本番前には、一人でぶつぶつとネタを考えていたり、びっしりとネタのアイディアのもとになるノートをつけていたりすることは珍しい話でない。とくに気の利いたセリフやコメントなどは、その場で思いついたものでなく、前もって考えたものであることは少なくない。コピーライターが長時間かけて短いコピーを作るように、思い付きではいいものはなかなか出てこない。実は、苦労をしている人は少なくないのだ。

逆に自分は賢いから、準備なんかしていかなくても、すぐに適当なコメントくらいは言えるなどと自惚れていると、突然の質問に、焦ってしまうことはままあることだ。そうなると余計に焦ってしまうという悪循環に陥りかねない。テレビというメディアは、ふだん浴びないようなライトを浴びていたりすることもあって、予想外に緊張するものなのだ。これこそがテレビに向かないバカというものの正体だろう。ど素人をからかうようなシチュエーションでない限り、文化人として向こうが人選をするのは、それなりのキャリアのある人だ。それがバカに見えるのは、ほとんどの場合こういうケースである。

場慣れとよく言うが、前の失敗に懲りて、ちゃんと準備することのほうが、テレビの場で自信をつける経験につながっていく。その上で、だんだんそれほど準備をしなくても賢そうになっていくのだ。たとえば、数字のデータやフリップの原稿を用意していくだけで、説得力はずいぶん違うし、映してもらえる時間も違ってくる。そして、数字を巧みに使うとかなりリコウに見えるものなのである。

もう一つは、自分の立場をわきまえることである。

テレビというのは、出演していると、つい自分も賢そうに見せたくなるメディアであるし、言いたいことが出てくることは少なくない。そこで、うっかり余計なことを口にしてしまうのだが、これは通常、前述のような準備をされたものでないので、結局のところは、大して意味のある賢そうなコメントにならない。

テレビというのは、たくさんしゃべっているほうが賢そうに見えるメディアではない。ビートたけしがほとんどしゃべらないのに、場を完全にしきってしまうように、沈黙は意外に金である。そして、求められたときだけしゃべっていたら、けっこう賢そうに見えるものなのだ。

自分の能力特性を知る

読者の方の多くは、そんなテレビの場の話など他人事と思われたことだろう。ただ、日常の話であっても、バカそうに見える、リコウそうに見えるの差というのは、似たようなメカニズムだと私は考えている。会議であれ、雑談であれ、リコウと思われる人は、それなりにネタを準備している人が多いし、練習をしている人は多い。

私は、日本人に足りないものにアウトプット・トレーニングがあると思う。日本人は知識の習得に熱心であるが、それを吐き出すトレーニングが足りないように思うのだ。

いくら書斎の知識人であったとしても、だんだん、それだけではリコウと思われないような時代がきている。やはり知識を上手に加工したり、わかりやすい形で伝えることができる人が賢そうに見えるのだ。

これは、実は練習量に大きく影響される。学会発表のように発表原稿を用意しているものでさえ、事前に練習をしているほうが、はるかにスムーズに、リコウそうに発表できる。雑談や、ある本を読んだり、あるテレビ番組を見たりした後、その受け売り話をするときでさえ、ちょっと事前にリハーサルをしておくとかなり賢そうに振舞えるものだ。

つまり、大事な発表の場に限らず、メモ程度、コンテ程度でいいから、ちょっとした下原稿を作っておくとか、数字のデータをメモしておくとかといった準備をし、さらにその上で、そのメモなどを見ながら実際に一人で話してみるといったリハーサルをしておくと、かなり賢く見えるものだ。

逆に言うと、それをしないからバカっぽく見えるということが往々にしてあるのだ。

バカに見える人というのは、往々にして自分の能力特性をわかっていない、考えていないものだ。自分の取り柄を上手に見せ、苦手をカムフラージュできれば、そんなにバカに見えないのに、バカ正直に苦手なものまでさらけ出してしまう。

われわれの職種でも、書き物は得意で話が苦手なら、極力話す場から逃げ、逃げきれない場合でも、持ち前の書く能力で、話の原稿を準備しておくだけで、かなり話の下手さをごまかせるだろう。つまり、話が下手だと気づいていることに意味があるのだ。なまじ、知的レベルが高かったり、教養があったり、書き物がうまかったりすると、話が下手なことに気づいていない人が少なくないが、こういう人がバカに見られてしまうのだろう。

自分の能力特性がわかっていることで、バカに見えることを克服し、多くの人にリコウと思われた人の代表例に、今でもアメリカ人の記憶に強く残る大統領、J・F・ケネディがいる。

彼はニクソンとのテレビ討論で圧勝を収め、国民の高い支持のもとに大統領に選ばれ、さらに就任演説でも「国家があなたのために何をするかではなく、あなたが国家のために何ができるかを問いたまえ」という名演説などによって、演説や議論の名手とされている。

しかし、彼自身は、知的レベルも高く、論文を書く能力も高かったのだが、決して人前で話すのは上手ではなかった。少なくとも彼はそう自覚していた。そこで、彼は大統領選挙の準備をするにあたって、当代一流のスピーチライターを揃え、またニクソンとのテレビ討論の際にも周到な準備をしていたという。

結果的に、テレビ討論も圧勝とされ、また数々の名演説を残す「記憶に残る大統領」になったのだ。これにしても、ケネディが自分の能力特性をよく把握し、苦手と思う点について、準備と練習を重ねたことの勝利と言ってよいだろう。

もちろんおしゃべりが得意な人まで同じように練習しろとは言わない。しかし、自分がしゃべるのが下手だとか、そんなに頭が悪いつもりがないのに、周りからバカに見られるというのであれば、自分の能力特性の分析をして、対策をすることで、それはかなり脱却できるはずである。それがわからないで、人前で話し続けているとバカに見られるのだろうし、事実、バカということになるのだろう。

話をわかりやすくするテクニック

あまり人前で話すのが上手でない、スピーチやディベートがうまくない、それでバカと思われているのではないかと心配な人の場合、事前に原稿を用意しておくとよい、自分で自分のスピーチライターになればいいとは言ったが、実際には、その原稿もうまく書けないというケースも少なくないだろう。

文章はうまいのに、知性はあるのに、しゃべるとバカっぽいというより、そのほうが深刻な状況とは言える。

日本人のアウトプット・トレーニングの不足はスピーチもさることながら、レポートもひどい。高校までレポートを書くトレーニングがろくにないので、大学でレポートを書くのが苦痛で仕方がなかった人も少なくないはずだ。

そのような場合、まずレポート書きのトレーニングに戻らないといけない。いくらスピーチの台本を自分で書いたとしても、その論理があちこちに飛んだり、論点がしっかりしなかったり、説得力がなければ、やはり話もうまくはならない。

逆に言うとレポートの練習をしておけば、多少、人前で話すのが下手でも、日本人にはそういう人は珍しくないので、レポートを読んで、「あいつはけっこうリコウじゃないか」ということになるものだ。

レポートのトレーニングについては、大学受験用の小論文の参考書がよくできている。

ネタの探し方や使い方まで書いてあるものもあって、大人が使ってもけっこうよくできている。とくに『頭がいい人、悪い人の話し方』の著者である樋口裕一先生の小論文の参考書はよくできている。私の見るところ、樋口先生自身が、話すより書くほうがずっと能力のある人なのだ。これらの本を読むのは一、二冊で十分だし、それでほかの人よりかなり能力がつくはずだ。

それを読むのも面倒くさい人には、私の側から簡単なトレーニング法を伝えておこう。これもアメリカの高校生や大学生が、レポートを書くフォーマットなのであるが、まず自分の主張したいこと、提言などを書く。それについて、三つの理由をあげて補足する。最終的に、それをまとめて改めて、自分の結論を述べる。

これだけのことだが、理由を三つ挙げるのは意外に難しい。一つ二つは、もともと考えていた理由なので、簡単に浮かぶのだが、三つ目くらいからは、別の視点ももっていないと浮かびにくい。つまり、複眼思考のトレーニングにもなる。

これは日本の子供と比べて、まだまだ国語力や学力レベルの低いアメリカの高校生クラスにまともなレポートを書かせるトレーニングとして、広く流通している方法である。書くこと自体はそんなに難しくないはずだ。

問題は数をこなすことで、レポートを書くことに抵抗をなくすことだ。これがうまくいくと自然にしゃべり方もうまくなる。

ついでに言うと、この手の原稿を用意することは賢明なことだが、やはり人前で話すためにはリハーサルをしておいたほうがいい理由に、いつも原稿にばかり目がいっているとやはりリコウそうに見えないということがある。よく引き合いに出されるコミュニケーション論に心理学者アルバート・マレービアンの研究があるが、人が他人から受け取る情報のうち、①見た目・身だしなみ、仕草・表情が五五％、②声の質（高低）、大きさ、テンポ三八％、③話す言葉の内容が七％というものである。結局、演説やスピーチの名手は、身だしなみにも気をつけ、身振り手振りも上手で、話し方もうまいものだ。

そのため、原稿を棒読みするのは非常に危険ということになる。

レポートを書き、それを読みながらリハーサルをすれば、はるかにリコウに見えることはわかってもらえたことだろう。

議論に弱いと圧倒的に損をする

とはいえ、ディベートに弱い人間はバカにはされるし、バカと思われる。

議論に弱い人というのは、高校の数学で習うような命題の基本がわかっていないことが多い。条件を無視して話をしたり、逆とか対偶という考え方がわかっていなかったり、必要条件と十分条件をごったにしたり、というような、基本的に論証の体をなしていない大雑把な話をするから、簡単に反論を受けてしまうし、それに対して返しようがなくなってしまう。

たとえば、条件付けの例としては、経済学の場合は、「人々が完全な情報をもっている場合」という条件がつくし、私が大して血圧を気にしなくていいと言っているのは「高齢者の場合」という条件がつく。それなのに経済学の理論を自明のことのように語れば、簡単に理屈に合わないと責められてしまう。あるいは、血圧を下げなくていいなどという言い方をしようものなら医者たちの批評で火達磨になることだろう。

必要条件と十分条件をごったにした理論も多い。

たとえば、東大を出ていてもリストラされるとか、成功者になるとは限らない世の中になったという話の場合、東大を出ていることが社会的成功のための**十分条件**でなくなったということであって、東大を出ることの価値が減じているわけではない。むしろ、競争社会が激化して、東大を出ていることが社会的成功のための**必要条件**になっているとすれば、東大に入らなければ勝ち組になれないということなのだから、より子供に勉強させる意義が強まることになる。

あるいは、AならばBと、BならばA（これを逆という）が等値でないのに、そのように考える人も多い。日本人ならば黄色人種であるからといって、黄色人種なら日本人だとは言えない。これは明確なことである。ところが、たとえば血液型がA型なら几帳面であるということがたとえ真であっても、几帳面ならA型だとは言えない。しかし、几帳面な人を見ると「あなたA型でしょ」と言う人は多い。ここでは、A型でないのに几帳面な人の存在が無視されることになる。

AならばBと等値なのは、BでないならAでない（これを対偶という）である。「黄色人種でなければ日本人でない」「几帳面でないならA型でない」ということである。

もちろん、前者の場合は、たとえば白人で日本の国籍を取得した人もいるからもとの命題が真でないし、A型が几帳面というのも絶対の真理でないから、几帳面でないからといってA型でないといえないのであって、本当にA型が全員几帳面なら、几帳面でないならA型でないと言えるのである。

もう一つ、決めつけをやるとたった一つ例外をもってこられただけで論理が破綻することになる。

詰め込み教育をやるとバカになる、創造性がなくなるというようなことをたとえば断定調の言い方で話す人がいたとしよう。全体の傾向としては正しいのかもしれないし、統計がないからそんなことは言えないかもしれない。しかし、それを断定的に言う人がいれば、詰め込み教育を受けながら創造性の豊かな人がたった一人出てくれれば、「あんたの言うことはおかしい」と言えるのである。

ここでリコウな人間なら「詰め込み教育をやると創造性がなくなる」とは言わずに「詰め込み教育をやると創造性がなくなりやすい」と言うだろう。これに関しては、統計を取らない限り、きちんとした反論はしにくいし、実際に調べてみて、三〇%の人が創造性がなかったとしても、「十分なりやすいと言えるじゃないですか」と開き直ることができる。なりやすいという基準があいまいだからだ。

やはり賢く見せるためには論理学の基本くらいは勉強をしておいたほうがいいし、そうでないとバカに見られる危険は大きい。

話がうまい人の落とし穴

いずれにせよ、話のうまい人がリコウそうに見え、そうでないとバカに見えやすい。

確かにみのもんたさんのような人に、ニュースの解説をされ、○○が体にいいと言われ、あるいは役人の世界はひどいと言われたら、ほとんどの人が説得されることだろう。

しかし、テレビの世界では、それでうまくいっても、ビジネスの世界では、そうはいかないことも多い。というのは、話のうまい人には、前に述べた精神医学的な不適応思考や文系的発想の落とし穴に陥っている人が少なくないからだ。

たとえば、話のうまい人は、たとえ話を上手に利用する。「〜〜の事件がありましたよね」などというものだ。これには重大な落とし穴がある。

一つには、今の少年が怖いという例に、神戸の連続児童殺傷事件を使う（話のうまい人はこんな古い例は挙げないだろうが）ように、数字の根拠もなければ、いわゆる「過度の一般化」（第四章参照）にあたるような話になってしまうことが珍しくない。

もう一つ言わせてもらうと、別の世界のことを知らないのに、その世界の常識を一般常識に引き寄せてしまう危険がある。

たとえば、以前、私は中山治氏という評論家に、「化学や物理の実験は単なる儀式にすぎない。(中略)喫茶店でマンガでも読んでリラックスし、次の勉強にそなえて英気を養ったほうが(中略)有益」と著書の中で書いたことを批判されたことがある(中山氏はしかも、わざと略と書かずに「次の勉強にそなえて英気を養ったほうが」の部分をカットして引用している。これも話のうまい人のロジックではよくあることだが、不正確な引用は著作権法第二〇条の同一性保持権の侵害にあたり、それに基づく批判は名誉を毀損する不法行為である。このようないい加減な引用は法的なリスクも冒すことになるから、私に言わせればバカのすることである)。

「こんな主張が許されるのなら『(中略)解剖実習室に足を運ぶまでもなく、教科書を読めば解剖の内容は書いてある。(中略)サボってマンガでも読んでいたほうが医師国家試験には有益』ということになります。東大医学部を出て医師国家試験の解剖学は満点の医師が患者を前に『イヤー! じつはメスを握るのは今日がはじめてです』と言ってニターッと笑ったら、これはまさに『病院の怪談』です」(中山治『「勝ち抜く大人」の勉強法』洋泉社新書 一五〜一六頁)という批判である。

おそらく読者の方は、ものすごく的を射た批判と思うかもしれない。しかし、医者を相手にこの手の批判をしたら、即座に自分の無知をさらけ出すことになる。

一つは、些細なことであるが、医師国家試験には解剖学という科目はない。アメリカにはあるのだが、日本では臨床科目だけである。

二つ目は、解剖学については、どこにどの臓器があり、どの場所にどの神経が走っているという感覚をつかみ、覚えることが大切という観点から、アメリカの医学教育では、実際の人間を解剖するより、模型やCG（コンピュータ・グラフィックス）を使ったシミュレーションが盛んに行われている。

中山氏は「『いくら受験で忙しくても実験には手を抜くな。今の学生はネジひとつ巻けないと東大工学部の先生も嘆いている。実験をしっかりやることが君たちの将来のためなのだ』と高校生に言うべきなのです。これが大人の責任というものです」（同一六頁）とも書いているが、このような実体験至上主義は、すでに解剖学の世界では古い考え方となりつつある。中山氏はCGを使うアメリカの解剖の先生に、同じ批判をできるのだろうか？

三つ目が一番大切なことなのだが、医者というのは、国家試験に受かるまでは医療行為が許されないので、患者にメスをあてることはできない。ホルマリン漬けの死体にあてるメスの技法と、あとで修復しなければいけない人体にあてるメスの技法もメスそのものもまったく違うものだ。解剖実習でメス捌きが上手だったからといって、それで自信をもつほうがよほど危険である。そのために患者の手術では指導医がついているのである。

ついでに外科についてよく誤解されるが、いちばん怖い医者は解剖学の知識がいい加減な医者である。手先は多少不器用でも解剖がわかっていたら、間違えて神経を切ったりはそうしない。解剖の実習がうまくて解剖学の試験の点数が悪い人間のほうが外科医向きと思うのであれば、医学の勉強を何のためにするのかわからないといっていい暴論である。

私が言いたかったのは、中山という人がバカだということではなく、話のうまい人のたとえ話はプロから見るとバカ論議にしか聞こえないような無知をさらけ出すことが往々にしてあるということだ。少なくとも書き物にする際には、ある程度の調査・確認をした上で、たとえ話を出さないと知性を疑われるし、テレビのコメンテーターがこんなことを言っていると、批判の電話が殺到するだろう。

話がうまい人は、断定調のものの言い方をしがちであるという危険もある。

わかりやすくするために、白黒はっきりさせるというのは、やはり二分割思考（第四章参照）に相当する。断定調であると、一つの反証を挙げられただけで、論理が破綻するという危険があることは本章で指摘した通りだ。

また話がうまい人は、故事や有名な学者の理論の引用をよく行う傾向があるが、これにしても実験もしていない、フォローアップ調査もしていないのに、理論（仮説）を事実のように扱うという過ちに陥る可能性が強いのは前の章で挙げた通りだ。これこそが文系の発想というものである。

最後に話のうまい人は、いわゆる属人思考に陥りやすいという危険がある。

属人思考というのは社会心理学の用語のようだが、要するに誰が言ったか、誰の説かということでその当否を決めるというものである。

たとえば、江崎玲於奈氏の教育論は、ノーベル賞学者の教育論だからすばらしいという発想である。

誰が言ったとしても正しいことも誤っていることもある。それを是々非々で検討することがないと個人の思考能力や責任感が弱まってしまうというのが、私の尊敬する社会心理学者、岡本浩一氏の説であるが、これはまさに正鵠を得ている（これにしても、岡本氏の話だから信頼できるとか、正しいというのではまさに属人思考である。その説そのものに説得力がある、納得できるかどうかで決めるのが岡本氏の言うところの属人思考である。逆に言うと岡本氏の言うことでも納得のできない説があれば批判することになる）。

現実には、話のうまい人の話には、この手の偉い人がいっぱい出てくることが多い。ところが問題は、この手の話のうまい人に説得される人が多いという事実だ。

前述の中山氏の反論を読んでも、むしろ彼のほうが正しいと感じた人も少なくないだろう。しかし、彼の説は実験の必要性を訴えながら、実験的発想にきわめて欠けている。実験をやる意味は、ネジひとつまけない大学生にネジをまけるようにすることではなく、本当かどうかわからないのなら、実験をしてみようという気にさせることだろう。この場合なら、高校時代に実験を一生懸命やっていた人と実験をさぼっていたが理科の勉強ができた人とどちらが、たとえば一〇年後に科学者になる人の比率が高いかを調査をする気になることである。

つまり実験の体験と科学的理解のどちらが理科教育で大切かというのを本当に「実験」しようという気になるのが真の実験の意義といえる（私が高校の理科実験を批判するのは、手技を覚えることに力を入れすぎていて、マニュアル通りの実験をやらせることや失敗をしないような実験をやらせるからである。だから大学で行う実験は否定はしない）。

中山氏の発想では、そうではなく、「日本を代表する物理学者や化学者に意見を求めてみてください」（前掲書一六頁）という論理である。つまり、これまでの偉い人の言うことを追認する発想である。私が日本の中学、高校教育における実験の価値を評価しないのは、実験室の拡充など実験重視の教育をしているのに理科離れが収まらないことのみならず、中山氏のように知的レベルも高く実験が大切だという人が、この種のスキーマから自由になれておらず、さっぱり実験的な発想が身についていないことにもある。

再び話がそれたが、この手のたとえ話のうまい人、文系発想をする人、決めつけをする人、偉い人の説がたくさん出てくる人の話を聞くと、ついつい説得されてしまうし、それが正しいものに聞こえてくる。中山氏の場合は、書き物でそれをしたから、後から反論がいくらでもできるが、これをテレビや講演など話しことばでやられたら、まずほとんどの人が説得されてしまうだろう。

しかし、ビジネスの世界では、きちんとした数字のあるいはフォローアップ調査などの結果の裏づけのない説明は信頼されない。

要するにこの手の話のうまい人に説得されるかどうか以上に、話のうまさに数字や実験結果などの裏づけデータ、あるいはほかの説の有無を調べようとしないのがバカなのである。こういう話のうまい人に弱いバカの人は、いい話を聞いたときに、素直に説得されるのでなく、話の裏づけを求めるとか、自分で試してみて当てはまるかを「実験」する必要があるだろう。たとえば、前述の中山氏のロジックにまったく疑いをもてなかった人がそうだ。断っておくが疑いをもてたかどうかが大切なのだ。私としても彼の説には客観的な裏づけがないと言っているだけで、彼の説が間違っていると言っているわけではない。もちろん、私のここまでのロジックにだって、疑いをもつことが大切である。本書は私の自説のおしつけが目的でなく、バカを治すことが目的の書である。

では、その手の話のうまい人は、バカなのだろうか？

これも、自覚によるだろう。数字や客観的根拠がないのを自分でもわかっているが、この程度の論理で相手を十分説得できるとか、自分の説得力に自信があり、かつそれで、社会的にうまくいってきたのならリコウと言ってよい。

しかし、自分でも自分の話のうまさに酔っていたり、自分自身が自分の話にだまされて、その論理の根拠の弱さや正しさを疑えなかったり、あるいは、自分でもまったく根拠を求めようとしないのなら、よほどの勘のいい人でない限りは、周囲の人間にも徐々に根拠の希薄さがばれてしまったり、将来的に自説の誤りが明らかにされたり、少なくともビジネスの世界では相手にされなくなったりするだろう。こういう場合は、やはりバカと言われても仕方ない。

しかし、文化人やテレビの世界のように、自分の言ったことに対して責任をもたなくていい場合、言ったことの証拠が大して残らない場合などは、それでもずっとリコウで通るかもしれない。

少なくとも、ビジネスの場面では、この手のリコウに見えるバカがいることを知っておいて損はないだろう。

エピローグ　バカとリコウは結果論

本書では、バカについてさまざまな形で考察してきたわけだが、最終的に私が言いたいのは、結局のところ、バカかリコウかは結果で判断されるものだということだ。

うまくいっている人間にバカと言うと、言っている側のほうが僻んでいると受け取られがちになってしまう。学歴が高いのにバカと言われる人間も、結局のところ、学歴の割に仕事ができない、成功していないから、そう言われるのであって、うまくいっている場合には、あまりそんな風に言われることはない。

もちろん、学歴が高い割に、変人で孤高の人で、実は教養人である、『じゃりん子チエ』に出てくる花井拳骨みたいな人は、成功者になれなくてもバカとかアホとは言われないかもしれない（これにしても、主任教授をフルチンにしてポプラの木に吊るすというアホなことをして、首席で卒業した大学〈京都大学らしい〉の研究室を去るというアホをやっているのだが）。人徳によって、成功していないことをカバーすることは確かにある。

ただ、成功していなくてもバカと言われないことはあるというだけの話で、逆に成功をしていれば、ズルとか汚い奴と言われることはあっても、あまりバカとは言われないのは確かだ。だから、本書で批判し、こういうのがバカにあたると言ったような無教養な人や推論能力に乏しい大金持ち、あるいはメタ認知の働かない地位の高い人や、EQの低い横暴で人に共感できないワンマン社長、そしてごりごりの文型発想で決めつけをしまくる文化人やタレントなどのことを、成功している限りバカと言う人はまずいない。それなら、こんな本はいらないではないかと思われるかもしれないが、二つの点でそうでないと私は考える。

一つは確率論の問題である。何度も本書で強調してきたことだが、世の中には、絶対とか、客観的とか、確実なことはほとんどない。

残念ながら、本書で「こういうのはバカなことだから治したほうがいいよ」と強調していたことをやっていても、社会でうまくいく人もいるし、一生懸命バカにならないようにメタ認知を心がけ、知性を磨いても、成功者になれなくて、バカにされる人もいるだろう。ただ、確率論でいくと、やはり本書で取り上げたバカに当てはまる人は成功の確率が低いだろうし、その逆のリコウの人は、成功の確率は高い。

絶対ではないが、そのほうがうまくいく確率が高いのなら、そちらを選ぶというのがリコウのやり方だと言いたい。逆にこうすれば絶対うまくいくと思って、バカ正直に本書を信じ、バカの要素をみんななくしたから一〇〇％成功できるなどと思うようなら、これもバカの範疇に入るだろう。

基本的に「絶対にうまくいく仕事術」とか、「一〇〇％東大合格」などという本があれば、少なくともそのタイトルはインチキである。しかし、そこに書かれているノウハウでうまくいく確率が高ければ、そんなインチキなタイトルにだまされても得をすることは確かである。ただ、一〇〇％というのを疑わなければバカを見るというだけの話だ。

投資をやる人間にとっては、どちらがリスクが高いかとか、どちらが儲かる確率が高いかを考えるのは鉄則だし、損をする可能性も織り込み済みでするものである。みすみすこっちのほうが儲かる確率が高い商品があるなら、手を出さないのはバカということになる。

勉強にしても、子育てにしても投資（こういう言い方をするとお叱りを受けるかもしれないが）と考えるなら、絶対に儲かると考えてばくちをやるのでなく、よりうまくいく確率の高い方法を選ぶのがリコウだろう。そして本書で紹介したバカとは、よりリスクが大きい考え方、生き方であり、リコウとはうまくいく確率が高いものだということである。

二つ目は、今うまくいっていても、本書で書かれているようなバカな生き方や、バカな考え方、そのほかバカに当てはまる人は、将来、うまくいかなくなる可能性が小さくないことだ。それこそ白楽天の言う馬家ではないが、おごれるものは久しからずで、バカなのにうまくいっているという人は、今のうちにバカを治しておいたほうが、その後も成功者でいられる可能性が高い。要するに、なんやかんや言って、本書で書かれているバカに当てはまる人はリスクが大きいはずだと私は信じている。

バカのほうがいい思いをすることはあるか？

リスクは覚悟の上、そのほうが自分らしいとか、気分がいいとか、いろいろな理由でバカを治さないという生き方もあるだろう。

私自身、人様の人生に口出しするような気はないし、それも人生の選択だと思う。ただ、それが損だと知った上でするのと、知らないでするのでは、いわゆるインフォームド・コンセント（情報を与えられた上の同意）かどうかという点では大きな違いなので、知らせておくこと自体は悪くないだろう。そのために本書は意味があると思いたい。

「バカになれ」とか「バカのほうが可愛い」と言ってバカを是認する、あるいはバカのほうがいいといわんばかりの考え方がある。

さて、一般に「バカになれ」という場合、その人が自分の知識や過去の成功、あるいは学歴に囚われて自由な発想ができなかったり、恥の意識に囚われて、思い切ったことができない場合である。本書で取り上げたように、この手の人は、私の定義でいけば、リコウに見えるがバカの範疇に入る人たちである。自分が知識やスキーマや過度な恥意識に囚われていないかを自己チェックするのは、メタ認知の基本であり、これはリコウのすることで、バカになれというのはあくまでもメタファーなのだ。あるいは、自分の常識を取り払って「バカになる」だけで、そこから新たなアイディアが生み出せなかったり、そこで自分の限界が見えないのなら、結局はただのバカということになる。

バカのほうが可愛いというのもよく言われることだ。

ビジネスマンというよりサラリーマンということばのほうがよく用いられた時代には、むしろバカに映る人間のほうが上司に可愛がられると思われた時期もあった。

よくたとえ話に出されるのは、豊臣秀吉の若い頃の織田信長に対するバカぶりであるが、一つ確実に言えるのは、信長が秀吉を重用したのは、そのバカな部分を見てではなく、非凡な部分を見てのことである。確かにバカに見えることで、信長が可愛げのようなものを感じたのかもしれないが、それはあくまでも導入部分の話や、きっかけとしての話であって、最後までバカでは大事にされるわけがない。またきっかけの部分についても、バカであることより一生懸命であることのほうが評価をされたのだろう。草履を懐で温めたエピソードにしても、確かに「こいつアホやな」とか「可愛いやっちゃな」と思われた部分はあるだろうが、アホだから自分に忠義を尽くすだろうと考えたというより、ひたむきだから忠臣になるだろうと考えたというほうが妥当なストーリーといえる。

確かにバカのほうが裏切らないだろうとか、背くようなことはしないだろうと、人に思わせる効果はあるのだろう。だから、前田家を守ったとされる前田利常にしても、あるいは大石内蔵助にしても、ものの見事にバカを装った。しかし、彼らはあくまでもバカを装っていただけで、本当はバカでなかったのは歴史が物語ってくれる。

彼らは、バカが可愛い、バカは悪いことをしないというスキーマを相手なり、世間がもっていることを知ってバカのふりをしていただけで、けっして自分はバカでなかった。

確かにバカのほうが可愛いというのは心理学的に裏づけがない話ではない。人間、自分のほうが勝っていると思うと、自己愛が満たされ気分がよくなる。だから、自分より賢い人が周りにいるときより、バカな人が周りにいるほうが気分がいいものなのである。

そういう理由でイエスマンと言われる人や、バカっぽい人を取り巻きに置く実力者や社長は少なくない。しかし、その実力者や社長のほうが裸の王様のように言われたり、最終的にバカな末路になってしまうことは少なくない。

逆に自己愛が満たされなくても、自分よりできる人の中に入っていき、周囲の人から学んでいこう、何かを盗んでいこうと思う人のほうが結果的にリコウになれることが多い。

もう一つ心理学の理屈を言わせてもらうと（しつこいようだが、これもあくまでも仮説である）、自己愛の満たされていない人ほど、自己愛を満たされたいと思うものである。要するにバカな取り巻きを集めて、自己愛を満たそうという人は、ほかで自己愛があまり満たされていない、つまり周囲からの評価の低い人である可能性が高い。自分がバカだからといって可愛がってくれる上司というのは、その人自身が高い評価を受けていない確率が高く、そんな人についていったら、自分自身のほうがバカを見る危険が大きいのだ。

つまり、バカが可愛いからといって、わざわざバカを装っても悪くはないが、本当にバカになる必要はないのである。

女性について言えばバカであるほうがもてるという側面がないとは言えないが、やはりバカを好む男性が、それほど大した人間でない可能性が高いのは前述のメカニズムの通りであるし、結果的に捨てられるのは、やはり私が言う意味でバカな女のほうなのだ。

ついでに言わせてもらうと、第四章で問題にしたように、人に嫌われる人間もバカのうちに入るし、また一般的には話のわからない人、教養がないので話がつまらない人、その人とつきあっても、金銭面だけでなく、知的な刺激や人間的魅力という点で得にならない人というのは、最終的にはうざいことが多い。結局、バカは人に好かれることより嫌われることが多い。ただ、多くのバカはそれに気づいていないから幸せなのかもしれないが。

唯一バカのほうがいい点があるとすれば、前述のように、自分のおろかさ、自分がだまされていること、嫌われていることに気がつかないことが多いくらいだろう。ブッシュが貧乏人いじめの政策をやっているのに、貧乏人の多い州のほうがブッシュの得票が多かったように、バカはいじめられていても気がつかない能天気さがある。

バカのほうが幸せ、自分がみじめなことに気づきたくないというのも、一つの人生観である。そこまで開き直ってこそバカに価値がある。

しかし、俗人として生きるのなら、やはり本質的にバカを装う人間が得をすることはあっても、バカは得をしないことは知っておくべきだ。損を覚悟で努力しないというのも選択肢であるが、損のほうは知っておいてほしい。

"脳の格差社会化"が広まっている

さて、いっぽうでアメリカ型の競争社会化、格差社会化は確実に進んでいる。さらに前述のような知識社会という文脈もある。これは、これまでと比べて、バカが住みにくく、リコウがよけいに得をする社会になっているということだ。

これまでの日本社会であれば、バカな社員であっても終身雇用や年功序列で、とりあえず会社に忠義を尽くし、長い間働いていたら、それなりに報われたし、それほど惨めな生活を送らずに済んだ。逆にリコウな人でも、ある程度の地位は得ることができても、会社に勤めている限り、バカとそう大きな給与の差はつかなかった。累進課税も厳しく、脱税でもしない限り、リコウがその頭のよさで稼いだ金も、それほどの手取りが残らなかった。

しかし、今は、さらにこれからは違う。

バカは簡単にクビを斬られる。いったん正社員をはずれると信じられないような低賃金が待っている。クビにならなくても終身雇用はそれほど期待できなくなるし、年功序列はもっと期待できなくなる。一方で、リコウの給与は飛躍的に上がるし、若くてもかなりの昇進ができる。さらに独立、起業し、さらに上場などしようものなら、これまでとは比べものにならない速さでスーパーリッチになれる。累進課税もどんどん緩まっているし、さらに言うと、上場や株式投資で稼いだ金は現在のところわずか一割しか税金がかからない。バカとリコウの金や地位の格差は広がる一方だ。

それ以上に問題なのは、バカの味方、サヨクがいなくなってしまったことだ。

確かに左翼ぶる文化人はいるが、彼らだって口が裂けても、厳しい累進課税に戻せとは言わない。終身雇用を支持する人はわずかにいても、年功序列のほうが秩序が保たれ、愛社精神が高まるという声はまず聞かない。

さらに言うと、リコウは平気で、バカをだます。

つい最近になるまで、自分の払った年金というのは、貯金のようにストックされているものだと思っていた人が多いだろう。最低二五年は納めないと基礎年金がもらえないのだから、そう考えるのももっともだが、実際は、ほとんどプールしないで、それこそ年金会館の巨大プールのようなものに金をばらまきながら、財政が赤字になると、実はストックではなく、世代間の助け合いですなどと急に本当のことを言い出す。

あるいは、中高年は働きの割に賃金が高いからリストラをしないと会社の経営が成り立たないなどというロジックもバカな人は素直に受け入れるかもしれないが、これだってリコウがバカをだます手口とも言える。中高年が働きの割に賃金が高いのは、若い頃、「将来、楽をさせてやる」というリコウの言うことを信じて、安い給料で、ものすごく一生懸命働いてきた借りを返してもらっているのに過ぎない。ところが、景気が悪くなったり、社会がアメリカ化してくるのをいいことにして、「今の中高年の給料は高すぎる」と、給料を値切ったり、それどころか会社から追い出したりする。こんなサギと言えるような行為に対して、左翼的、リベラルと名乗っている人も含めて、文化人も知識人も、自分がサラリーマン経験がないからかもしれないが、サギとは言わない。

日本におけるアメリカ型社会というのは、リコウがバカよりはるかにいい思いをできる社会であるだけでなく、リコウがバカを平気でだまし、それが非難されるどころか、ほとんど正しい考え方のように思われる社会である。バカでもいいという人は、それを覚悟の上の話にしてほしい。昔と違って、世の中がバカに優しくないのだ。

バカを脱皮しながら生きのびよ

私自身は、自分のことをそれほどバカではないと信じているが、今の弱肉強食のバカいじめの社会を好ましいものとは思っていない。

しかし、革命を信じるのは、現状では、やはりバカの考えと言わざるを得ない。あまりに確率が低い。マスメディアをリコウが牛耳っていて、リコウに得なようにしか動かないから、バカが革命を起こす気にならない、北朝鮮を笑えない状態になっているからだ。北朝鮮はそう遠くない将来に崩壊するだろうが、日本もアメリカもバカがリコウに洗脳されている国は、そう潰れないだろう。以前私は、アメリカの貧乏でろくに福祉を受けていない高齢者が「ここは世界一の国なのよ。この国の福祉が少ないなんていっていたら、よその国の人に申しわけないわ」と言っていたのを聞いて唖然としたことがあるが、リコウの層が厚い国は意外にしぶといのだ。

だとすれば、バカを脱却するしか、このいじめから逃れる方法はない。そのヒントになるように、本書ではいろいろな種類のバカを列挙し、それを治していこうと提唱したわけである。ただ、いくつかわかってほしいことはある。

一つは、もちろんのことだが、本書に列挙しなかったタイプのバカも無数にあるということだ。だから、本書に書いてあるものだけを治しても、完全にバカが治るということは保証できない。ただ、だからといって本書が欠陥の書だと思いたくない。

私の考えでは、バカは日常語であり、また人間というのは気づかないうちにいろいろとバカなことをやってしまう生き物である。生まれてこの方バカなことはしたことがないという人がいれば、私に言わせれば、メタ認知の働いていないバカということになる。

要するに完全にバカを治すことは不可能だし、それこそが心に悪い完全主義にはまっていることになる。たとえば、四六時中メタ認知を働かせるようなことをしていたら疲れて仕方がない。親しい友達と話すときくらいは、自分のバカな面や決めつけなどを表に出してもなんら問題がないだろう。要するにいつでも、あるいはすべての面でバカを治す必要はない。本書の中で、自分がそれに当てはまっている、自分がそれで損をしているというものがあれば、そこから順番に治していけばいい。

私がバカを治す上で、大切な考え方だと思うのは、「よりましになる」というものだ。欠点のない完全なリコウを目指すことより、そのほうがはるかに現実的だ。

本章の冒頭でも述べたように結局のところバカかリコウかは結果で決まるものである。だから完全にバカなところがなくならなくても、社会でうまくやっていければ、あるいはメンタルヘルスを害することがあまりなくなればリコウであるし、バカを完全に治そうとしてストレスになるのであればバカということになるのである。

実際、人間いつでもリコウでいられるわけではない。本書で考察してきたように、ノーベル賞までとるような物理学者、つまり理系の発想の権化のような人が教育問題を語る際には、実験しようという発想などまるでもたずに、個人的経験を一般化して平気で語ってしまう。あるいは、客の心理を見抜く名経営者と言われる人が政治談議をすると、相手国の怒りなどをまったく考えないような右翼的発言をすることもある。

もちろん、彼らが年老いてきて、肝心の物理学や経営判断のほうで、知的能力を発揮できなかったり、古いスキーマに囚われて失敗するようなら、リコウがバカになったということなのだろう。しかし自分の本業で能力が発揮できれば、それ以外の世界でかなりおバカなことを言っていても、リコウとして扱われ続けるし、世間もむしろそのおバカな意見に感銘を受けたりするのだ。

だから、自分の大切にする部分でリコウでいられるなら、すべての分野で肩肘を張っていなくても、十分リコウで通じるのである。

昨日より今日、今日より明日が少しでもリコウになれればあなたの将来も明るいし、そういう人間が進歩のない今現在のリコウより、最終的にはリコウになれると私は信じているし、それが私の人生観なのである。もちろん、この考え方が絶対に正しいなどとバカなことは言わないというのが大前提である。

幻冬舎新書 17

バカとは何か

二〇〇六年十一月三十日 第一刷発行
二〇二二年十二月十五日 第二刷発行

著者 和田秀樹

発行者 見城 徹
発行所 株式会社 幻冬舎
〒一五一-〇〇五一 東京都渋谷区千駄ヶ谷四-九-七
電話 〇三-五四一一-六二一一(編集)
〇三-五四一一-六二二二(営業)
公式HP https://www.gentosha.co.jp/
ブックデザイン 鈴木成一デザイン室
印刷・製本所 中央精版印刷株式会社

Printed in Japan ISBN4-344-98016-6 C0295
わ-1-1

*この本に関するご意見・ご感想は、左記アンケートフォームからお寄せください。
https://www.gentosha.co.jp/e/